CUANDO SE ATRAVIESA
TIEMPOS
DIFÍCILES

CUANDO SE ATRAVIESA
TIEMPOS DIFÍCILES

CHARLES R.
SWINDOLL

© 2006 por Grupo Nelson
Una división de Thomas Nelson, Inc.
Nashville, Tennessee, Estados Unidos de América
www.gruponelson.com

Título en inglés: *Getting Through the Tough Stuff*
© 2004 por Charles R. Swindoll
Publicado por W Publishing Group
Una división de Thomas Nelson, Inc.

Todos los textos bíblicos han sido tomados de la
Versión Reina-Valera de la *Santa Biblia*, revisión 1960,
o de la Versión Popular, ambos © Sociedades Bíblicas Unidas.
Usados con permiso.

Traducción: *Pedro Cruz*
Diseño interior: *Grupo Nivel Uno, Inc.*

ISBN-10: 0-88113-202-0
ISBN-13: 978-0-88113-202-1

Impreso en Estados Unidos de América

❧

Con gratitud por su vida

y sus extraordinarias respuestas

en los tiempos difíciles de la vida,

dedico este libro a nuestra hija mayor,

CHARISSA ANN SWINDOLL.

Su madre y yo alabamos a Dios

de todo corazón porque ha sido

su sostenimiento en los muchos peligros,

adversidades y asechanzas.

Ha sido la gracia de Dios la que la

ha traído hasta aquí,

y será la gracia la que la capacitará

para animar a otros por el resto

de sus años en esta tierra.

Tabla de contenido

Introducción

La vida es como la cebolla, que uno pela llorando. —PROVERBIO FRANCÉS.

Cuando estás caído y derrotado, algo siempre se levanta: generalmente es la nariz de tus amigos. —ORSON WELLES.

La vida es una proposición dura, y lo más difícil son los primeros cien años. —WILSON MIZNER.

LA VIDA Y LAS DIFICULTADES VAN DE LA MANO. Generalmente aparecen como tormentas que se intensifican gradualmente. A veces los vientos de la adversidad nos azotan duramente y nuestro barómetro desciende vertiginosamente a su punto más bajo.

Quizá usted se halle allí ahora mismo. Por eso escogió este libro. Parece que es más fácil hacerle frente a los tiempos difíciles cuando los vemos venir. Pero, ¿cuántas veces sucede eso? Son los ataques a traición que se agazapan más allá del horizonte, esos ataques mentales que no podemos ver, los que nos doblan las rodillas. Usted sabe exactamente lo que quiero decir.

La adversidad tiene su forma de quebrantarnos. Después del primer rudo golpe quedamos atontados, preguntándonos qué nos golpeó. Las dificultades ponen a prueba la esencia de nuestro ser, dejándonos con resultados contrastantes; hacen que nuestras creencias más profundas se fortalezcan o hacen que se deshaga la fibra de nuestra fe. Todo depende de nuestra respuesta. En ocasiones los golpes son tan brutales que la vida, tal como la conocíamos, se altera radicalmente.

Leí sobre una pareja de la Costa Este de los Estados Unidos que trabajó arduamente para reunir la cuota inicial de una casa. Durante años ahorraron, planificaron sabiamente, y manejaron sus fondos cuidadosa y austeramente. Finalmente alcanzaron su meta e hicieron planes para comprar su primera casa. Era a mediados de 1989. Sus corazones se prendaron de una hermosa casita justo en las afueras de la ciudad de Charleston. Los documentos estaban en orden, y la casa estaba lista. El sueño se haría pronto una realidad. Pero en la mañana del 22 de septiembre el huracán Hugo azotó la zona causando una destrucción inimaginable. Como usted recordará, Charleston sufrió el impacto directo de la tempestad. Así, la nueva vivienda de la pareja, que representaba sus dorados sueños para el futuro, fue barrida por las olas monstruosas de Hugo. Cuando las aguas retrocedieron, ante ellos solo quedaba una pila de pesadillas empapadas y algunas decisiones muy dolorosas. Un tiempo difícil de soportar.

Si no se puede identificar con eso, quizá lo haga con este ejemplo: Usted no se ha sometido a un examen físico por dos o tres años y decide ir a ver a la doctora para un examen completo. Ella hace todo tipo de pruebas, exámenes y análisis, que duran todo un día o más. No dice mucho, pero pocas horas después de que usted ha regresado a su casa, suena el teléfono. La médica le pide que regrese para hablar sobre los resultados. En el consultorio ella le menciona que hay algunos indicios inquietantes en uno de los exámenes, aunque no puede decir con seguridad de qué se trata. Al día siguiente, después de estudiar los resultados de los análisis, se confirma la presencia de un tumor. Usted se somete a la cirugía, y las cosas no se ven bien. Pasan días agonizantes y finalmente usted escucha el temido informe: *cáncer*. Es una forma agresiva que deja poca esperanza de sobrevivir más de un año, si acaso. Ciertamente es un tiempo difícil.

Digamos que usted ha estado casada durante treinta años, y recuerda con emociones mezcladas la celebración de ese aniversario hace cinco meses . . . esas dos semanas que pasaron solos en Maui. A pesar de que el clima era perfecto, con aquellas brisas marinas soplando sobre la playa, su esposo permanecía callado y taciturno. Usted lo dejó pasar, no queriendo echar a perder unas idílicas vacaciones de aniversario. Unas semanas más tarde él le dice con una mirada inexpresiva: "Hay otra mujer en mi vida. Simplemente ya no te amo." El impacto la deja anonadada, y la cabeza le da vueltas. Usted ha visto a otras parejas luchando en rupturas devastadoras, pero nunca soñó que un día le pasaría a usted misma. Sin embargo, ahí está, ahora mismo, tratando de sobrevivir sus días más difíciles y desilusionadores, en una etapa de la vida en donde los años son para disfrutarse y no para tener que soportarlos. Los hijos ya son mayores y la jubilación se acerca. Ya no. No ahora. Hoy se enfrenta al futuro sola. La preocupan pensamientos obsesivos de ruina económica mezclados con días confusos en los que se pregunta qué salió mal. Ciertamente es un tiempo difícil.

Aquí tenemos otra: Usted es una de esas madres o padres patriotas que vieron con orgullo como su hijo, uniformado y llevando todo su equipo de combate, se embarcaba en un transporte aéreo militar, con destino a algún lugar del Medio Oriente cuyo nombre es difícil de pronunciar. Usted lo respaldó en su decisión de enlistarse en la infantería de marina, entrenarse arduamente, y ahora embarcarse a su primera asignación al extranjero. El conflicto en esa región destrozada por la guerra nunca se ha enfriado gran cosa; y de hecho ahora está que arde, y su único hijo bajará de ese avión en lo más candente del asunto. Usted espera ansiosamente las noticias de su llegada a salvo. En lugar de éstas, noticias dispersas comienzan a traer detalles incompletos de un helicóptero derribado en algún lugar del desierto. ¿Cuáles son las probabilidades? Seguramente está a salvo. Dios no permitiría que él cayera; pero la llamada de un capellán con voz triste confirma sus peores temores. Las lágrimas corren por su rostro mientras la realidad eclipsa la esperanza. Su hijo ha muerto, junto con otros seis en un estrellamiento inexplicable.

Nada puede prepararle a uno para esta clase de circunstancias devastadoras. La vida es un sobretodo que nunca se ajusta impecablemente. Siempre estamos haciendo ajustes aquí, quitando allá, aflojando por el otro lado. La vida no se ajusta a nuestros planes. Vivimos en un estado constante de maniobras, ajustes, cambios, creyendo, a menudo dudando. Atravesar los tiempos difíciles lo requiere.

Felizmente Dios nos ha provisto de la perspectiva correcta. Él ha puesto a nuestra disposición a un Salvador, y su nombre es Jesús. Él quiere recibir los golpes en lugar de usted, ayudarle a atravesar los tiempos difíciles. A decir verdad, Él puede llegar a ser el timón de su vida cuando le azota el feroz vendaval, su brújula confiable cuando usted ha perdido su dirección, su puerto cuando es imposible navegar. Él es la respuesta. Él interviene en las encrucijadas críticas de su vida, determinando la diferencia.

En los capítulos que siguen quiero guiarle en una caminata por pasajes selectos de los primeros cuatro libros del Nuevo Testamento. Visitaremos varias escenas de la vida y ministerio de Jesús, los lugares en donde él le hizo frente a sus propios tiempos difíciles y en donde encontró a otros que atravesaban la misma experiencia. Descubriremos no sólo cómo él encontró a esas personas, sino también cómo les extendió la mano, y les ofreció ayuda para dirigirlos al atravesar las dificultades. Debido a que Él sigue siendo "es el mismo ayer, y hoy, y por los siglos," ninguna tormenta es demasiado devastadora, ninguna subida es demasiado empinada. Él puede hacerle frente a todo; y puede llevarle al otro lado. De hecho, en el proceso puede fortalecerle de manera sobrenatural.

La Versión Popular de la Biblia, dice en Filipenses 4:13: "A todo puedo hacerle frente, gracias a Cristo que me fortalece."

¿No le parece grandioso? Cuando Cristo viene a su vida, Él le *fortalece*; es una fuente de poder que puede ajustarse, adaptarse, apretar o soltar según sea necesario. Puede aflojar o apretar, dependiendo del terreno; puede controlar, mantener las situaciones en un plano bastante tranquilo ¿Cómo? ¿Por qué? Porque *Él* está presente. Ése es el secreto: su presencia obrando muy dentro de su ser.

Abundaremos sobre este tema después.

Antes de proseguir, permítame varias líneas para reconocer a algunas personas que me han ayudado a hacer de este libro una realidad: mi amigo de toda la vida y talentoso editor en Chicago, Mark Tobey, invirtió cientos de horas transformando mis palabras en expresiones significativas. Carol Spencer, aquí en Frisco, Texas, otra vez proveyó su hábil respaldo al investigar las referencias bibliográficas y verificar tanto permisos como derechos.

Finalmente, Mary Hollingsworth del estudio *Shady Oaks* en Fort Worth y su espléndido equipo de editores, lectores de pruebas y tipógrafos le dieron al libro en inglés su formato, lo que significa que los toques finales se realizaron cuidadosa y profesionalmente. ¡Mi agradecimiento de corazón a todos ellos!

Ahora es el momento de comenzar. Sea que usted haya recibido de lleno el golpe de un estallido inesperado o esté mirando nubes ominosas que se acercan desde la distancia, probablemente necesita de alguien que le ayude a atravesar los tiempos difíciles.

Si está listo, yo también lo estoy. No tiene nada que temer; realmente nada, pues hay ayuda disponible del Dios que le ama. Sólo pase la página. Lo descubriremos juntos.

—Charles Swindoll

Uno

Cuando se atraviesa los tiempos difíciles de la tentación

UNO DE MIS POEMAS FAVORITOS ES "El camino no seguido" de Robert Frost. Habla claramente de la importancia de ir en la dirección correcta cuando nos sentimos tentados a seguir otra.

Un camino se bifurcaba en dos en un bosque amarillento,
y lamentablemente yo no podía seguir ambos
y seguir siendo un viajero; me detuve por largo rato
y miré por uno de los caminos tan lejos como pude
hasta donde se perdía entre la maleza.

Entonces tomé el otro, igualmente bueno,
y teniendo acaso el mejor ofrecimiento,
porque estaba cubierto de hierba y quería uso;
porque en cuanto a eso, los que pasaban por allí

los habían desgastado realmente casi por igual,
y esa mañana ambos estaban igualmente,
cubiertos de hojas que ninguna pisada había marcado.
Ah, ¡seguí el primero por otro día más!
Aun sabiendo cómo el camino lleva al camino,
dudaba si alguna vez yo regresaría.

Estaré diciendo esto con un suspiro
en algún punto de aquí a edades y edades,
dos caminos se separaron en un bosque, y yo ...
Yo tomé el menos transitado,
y eso ha determinado toda la diferencia.[1]

Las tentaciones llegan como la proverbial bifurcación de caminos de Frost. Determinamos nuestro destino por la forma en que respondemos. Si se toma el camino equivocado, el final podría ser devastador. Eso es lo que hace que nuestra lucha con las tentaciones sea tan increíblemente dura; lo que nos acosa son esas consecuencias que no queremos enfrentar.

Pero antes de considerar nuestra lucha, veamos la tentación que Jesús enfrentó. Nuestra jornada comienza en una coyuntura crítica en la vida de Jesús. La escena se describe cerca del comienzo del Evangelio escrito por Mateo. Es importante leer toda la narración para captar la naturaleza de este conflicto diabólico. Permita que su intensidad le cautive.

Entonces Jesús fue llevado por el Espíritu al desierto, para ser tentado por el diablo. Y después de haber ayunado cuarenta días y cuarenta noches, tuvo hambre. Y vino a él el tentador, y le dijo: Si eres Hijo de Dios, di que estas piedras se conviertan en pan. El respondió y dijo: Escrito está: No sólo de pan vivirá el

HOMBRE, SINO DE TODA PALABRA QUE SALE DE LA BOCA DE DIOS. Entonces el diablo le llevó a la santa ciudad, y le puso sobre el pináculo del templo, y le dijo: Si eres Hijo de Dios, échate abajo; porque escrito está:

A SUS ÁNGELES MANDARÁ ACERCA DE TI,

y,

EN SUS MANOS TE SOSTENDRÁN,

PARA QUE NO TROPIECES CON TU PIE EN PIEDRA.

Jesús le dijo: Escrito está también: NO TENTARÁS AL SEÑOR TU DIOS. Otra vez le llevó el diablo a un monte muy alto, y le mostró todos los reinos del mundo y la gloria de ellos, y le dijo: Todo esto te daré, si postrado me adorares. Entonces Jesús le dijo: Vete, Satanás, porque escrito está: AL SEÑOR TU DIOS ADORARÁS, Y A ÉL SÓLO SERVIRÁS. El diablo entonces le dejó; y he aquí vinieron ángeles y le servían (Mateo 4:1-11).

CUANDO JESÚS ENFRENTA AL TENTADOR

Mateo 4 empieza con el inicio del ministerio de Jesús. Su obra oficial aun no había comenzado. Él era un soltero de treinta años, todavía no había llamado a los doce apóstoles, ni predicado su primer sermón. Ni siquiera nadie todavía lo había criticado. Era joven, sin experiencia y virtualmente desconocido.

En su bautismo en las frías aguas del Jordán, Dios verificó el mensaje y la misión de Jesús cuando anunció: "Este es mi Hijo amado, en quien tengo complacencia" (Mateo 3:17). Y con eso, el Espíritu se lo llevó a un lugar no identificado del desierto. Solo y meditando, Jesús ayunó por cuarenta días y cuarenta noches. Cuando estaba debilitado por la falta de alimentos y languideciendo en los despiadados elementos del desierto, el tentador hizo su maniobra.

¿No le parece una estrategia inteligente? El enemigo sabe exactamente cuándo usted y yo somos más vulnerables. Él sabe buscar con paciencia esa pequeña grieta en nuestra armadura por donde estamos más expuestos. Satanás esperó hasta que Jesús pareciera más vulnerable, antes de iniciar una serie de tres agotadoras tentaciones. Cada una fue más intensa que la anterior.

LA NATURALEZA DE LAS TENTACIONES

En la primera tentación el Diablo se burló de Jesús, quien le contestó con las Escrituras. En vez de alejarse, Satanás volvió a provocar a Jesús, y nuevamente Jesús enfrentó a su adversario con el poder de la verdad bíblica. Satanás persistió sin inmutarse. Escoltó a Jesús a una montaña muy alta y le tentó por tercera vez. La respuesta de Jesús fue demoledora, de nuevo con la fuerza de las Escrituras. De aquí para allá, y de allá para acá. Algunos lo consideran un recurso retórico empleado por Mateo para martillar su punto. Mateo quería que sus lectores captaran la fuerza de los implacables y repetidos ataques de Satanás, cada uno de los cuales se tropezaron con la firme resistencia de Jesús.

Recuerde, Jesús no vino como Rey conquistador y guerrero irrumpiendo en el mundo con fuegos pirotécnicos, banderas y fanfarria ¡Esa es la forma en la que usted y yo hubiéramos venido si quisiéramos ser reyes! No así Jesús. Mateo explica cómo Cristo vino como un Rey humilde, para inaugurar un reino de clase diferente. Vino humilde y silenciosamente, como siervo que pisa suavemente, deslizándose en las tinieblas de la noche terrenal sin que nadie lo notara. Entró sin pretensiones, mas no sin propósito. Vino para morir … para pagar en su totalidad la pena del pecado. La estrategia del diablo para descarriar esa misión fue tratar de desviar a Jesús antes de que su ministerio comenzara. Esperaba

4

engatusar al Hijo de Dios para que se le someta, usando un frente de ataque de tres puntas.

1) La primera tentación fue de naturaleza personal. El tentador se le acercó y susurró en su oído: "Si eres Hijo de Dios, di que estas piedras se conviertan en pan." A sus pies habían pequeñas piedras pulidas, quizá pedazos de la piedra caliza que abunda en ese terreno desértico. Jesús acababa de pasar cuarenta días y noches ayunando y su cuerpo estaba débil y con hambre, Satanás tentó al joven hambriento a que tomara el asunto en sus propias manos. Qué fácil hubiera sido para Jesús ceder y atender a sus propias necesidades. Para ese entonces Jesús ya estaba abundantemente consciente de sus dones y poderes supremos. Podía haber tomado un puñado de esas piedras y convertirse instantáneamente en el rey del pan. Dada su compasión, pudo haber llenado los estómagos de los niños hambrientos y familias desnutridas en toda esa región ¡Qué forma dramática de ganar el corazón de la gente para su causa! ¿Quién no hubiera seguido a un obrador de milagros así? Por eso es que la incitación fue *personal*. Es como si Satanás le estuviera sugiriendo: "Puedes llegar a ser el Mesías sin tener que ir a la cruz."

Jesús vio claramente el plan del enemigo y respondió: "Escrito está: No sólo de pan vivirá el hombre, sino de toda palabra que sale de la boca de Dios." ¡Qué magnifica respuesta! ¡Qué declaración hecha con el estómago vacío! Jesús sabía que estaba en juego mucho más que su necesidad física. Él vino para redimir el alma humana. Jesús resistió la tentación de usar sus dones para exhibir su gloria por razones egoístas. Él vino para hacer la voluntad del Padre y para cumplir su espléndido propósito; así que sin perder tiempo rechazó la tentación de abusar de su poder.

Estoy convencido de que rara vez somos tentados en nuestras debilidades, sino más bien en nuestros puntos fuertes. No soy el primero en señalar esto. Alguien escribió:

Siempre debemos recordar que una y otra vez somos tentados según nuestros dones. La persona que tiene el don de la simpatía será tentada a usar ese encanto para "salirse siempre con la suya." La persona dotada del poder de la palabra será tentada a usar su dominio de la palabra para producir excusas baratas y justificar su propia conducta. La persona con una imaginación vívida y susceptible pasará por agonías y tentaciones que una persona más estoica nunca experimentará. La persona con el don de genialidad se verá tentada a usar el don mental para sí misma y no para otros, para ser el señor y no el servidor. Es un lúgubre hecho de la tentación que justo en lo que somos fuertes, es donde tenemos siempre que estar alerta.[2]

Dios nos ha dotado a cada uno de nosotros con talento y capacidad, no de convertir piedras en pan, sino de convertir palabras en retratos. Algunos tienen extraordinarios poderes de persuasión. Si uno no tiene cuidado, es muy fácil ceder a la tentación de vendernos a metas más bajas que el noble propósito que Dios ha diseñado. Los que tienen el don de disciplina pueden verse tentados a llevar demasiado lejos las medidas correctivas, incluso a extremos de abuso. Esas son tentaciones de naturaleza personal que nos incitan a patrones peligrosos de autosatisfacción.

En uno de los momentos más difíciles de su vida, Jesús resistió la tentación personal; pero el diablo persistió.

La segunda tentación fue de naturaleza pública. Después, Satanás llevó a Jesús a un lugar alto de la ciudad de Jerusalén. Según la información más confiable disponible, estaban en el punto más alto del conjunto de edificios que formaban el templo, como a ciento cincuenta metros sobre el suelo del Valle del Cedrón ¡Eso equivale como a cuarenta y cinco pisos de altura! Parado junto

astuto es el
olo pero ala ves menss por tratar d tentar al Hijo de Dios

al Rey de reyes, el diablo se mofó: "Si eres Hijo de Dios, échate abajo; porque escrito está: A sus ángeles mandará acerca de ti, y, En sus manos te sostendrán, Para que no tropieces con tu pie en piedra."

Citando del Salmo 91, con toda presunción Satanás exigió una demostración pública del poder de Dios para proteger a Jesús de una muerte segura.

Imagínese, ¡Satanás tentando a Jesús a que se lance de cabeza desde el pináculo del templo de Salomón! Satanás quería sensacionalismo. Sabía que Dios no permitiría que su Hijo muriera; al menos no por ahora, ni de esa manera. Su muerte sería cruel y agonizante en el Calvario. Si hubiera saltado no hubiera muerto; habría sido preservado. El diablo pudo haber dicho algo como: "¡Qué oportunidad para hacer impacto! Vas a tener gente de todos lados siguiéndote como uno que obra prodigios, un personaje sensacional que puede saltar del pináculo del templo y vivir para contarlo. ¡Imagínate! Saldrá en los periódicos sensacionalistas ¡Noticias frescas! ¡Piensa en la gente que creerá en ti! Y no tendrás que ser colgado en esa cruenta cruz ¡Qué negocio! Quiero decir, Jesús, un poco de sensacionalismo no le hace daño a nadie. ¡A la gente le encantará!"

Nuevamente Jesús vio claramente el plan del diablo y entregó otra respuesta que desarma, y dijo: "No tentarás al Señor tu Dios."

Usando las Escrituras como escudo, Jesús evitó cometer lo que la Biblia describe como el pecado de presunción, es decir, actuar con presunción en cuanto a Dios y su pueblo. Sólo Dios sabe cuántos obreros religiosos bailan al borde de esa tentación. ¿Qué hay de malo con un toque de sensacionalismo? ¿Por qué no flirtear un poco con el peligro o vivir al borde de la insensatez y aducir liberación por intervención divina? ¿Por qué no hacerlo, especialmente

7

si logra atraer a la multitud? ¿Qué tiene eso de malo? Dos razones vienen a la mente:

Primero, el atraer a la gente con sensacionalismo empieza un proceso que nunca termina. Un acto sensacionalista requiere otro … y el segundo tiene que ser mayor que el primero; el tercero requiere más que el segundo. Pronto uno se ve atrapado en un espiral descendente e interminable. Para seguir atrayendo a la multitud continuamente hay que seguir haciendo un acto mejor que el anterior.

Segundo, el sensacionalismo atrae la atención de la gente al individuo, antes que al Dios vivo. Eso produce una atmósfera de circo.

En verdad, sin embargo, ¿qué tiene de malo jugar con serpientes si Dios nos protege? ¿Qué tiene de malo saltar al vacío de vez en cuando si uno necesita una multitud? Me gustó la advertencia en una declaración que leí recientemente: "Un evangelio fundamentado en el tráfico del sensacionalismo está destinado al fracaso."[3] Cierto, Jesús hubiera sobrevivido al salto, pero la tentación era ver si Él dependería de un truco sensacional en lugar del poder de la cruz. Felizmente en el tiempo difícil de la seducción satánica Jesús resistió la tentación de naturaleza pública. Como siempre, el tentador tenía otra prueba en su manga.

3) La tercera tentación fue de una naturaleza de poder. Jesús y Satanás dejaron el pináculo del templo y rápidamente se hallaron en el pico de una montaña que dominaba los reinos del mundo conocido. ¿Quién sabe a qué altura? Más allá de cada horizonte se extendían tierras e imperios. Podemos apenas imaginarnos la escena panorámica que contemplaban. Usted y yo hemos estado en lugares altos desde donde hemos contemplado las luces de una ciudad o la superficie de lago que reluce. Esos paisajes nos dejan sin aliento; pero ninguna se puede comparar a las que ellos deben haber visto, allá solos.

Dios tenía planes para que su Hijo fuera el Soberano sobre todos los reinos del mundo, pero ese plan no incluía la presuntuosa oferta de Satanás. Repito, el plan del Padre sólo se cumpliría mediante el sufrimiento en la cruz, y sólo allí. Satanás aborrecía la idea de que Jesús llegara al Calvario. Lucifer sabía que la cruz representaba el lugar de su ruina; y por lo tanto, la cruz no era una alternativa conveniente para el diablo. Tentó a Jesús para que ganara el poder obedeciéndolo y adorándolo a él, y no al Dios Omnipotente.

El resultado de las tentaciones

Gracias señor por morir por nosotros.

Hace algunos años, al viajar a una conferencia con mi amigo Chuck Colson, antiguo confidente y jefe del personal de la Casa Blanca durante la presidencia de Richard Nixon, le pregunté por qué alguien querría ser presidente. Para mí, no hay suficiente dinero o prestigio en el mundo que amerite el esfuerzo y las complicaciones. Él sonrió y respondió más bien rápidamente: "Una palabra, amigo mío: PODER. Todo se reduce al poder."[4] Pocos de nosotros nos sentiremos alguna vez tentados a buscar el poder de un presidente de la nación, pero sí somos tentados a abrirnos paso al poder mediante otras intrigas, ¿verdad? El diablo sabe que lo anhelamos con ganas. ¿Nos sorprende que nos seduzca para que sigamos ese camino?

Cuando lo hace, el modelo de Jesús es el que tenemos que seguir.

Sin vacilar, Él contestó: "Vete, Satanás, porque escrito está: Al Señor tu Dios adorarás, y a él sólo servirás." Si usted busca una buena ilustración de "simplemente decir que no," no tiene que buscar más. Con eso Mateo concluye: "El diablo entonces le dejó."

¿No sería grandioso si todos los tiempos difíciles de todas nuestras tentaciones llegaran y se fueran así de rápido? Pum, pum,

pum, ... uno, dos, tres ... y se acabó. Desdichadamente esa es la excepción y no la regla.

CUANDO EL TENTADOR SE CRUZA EN SU CAMINO

Por un lado, usted tal vez se encuentre hoy en una situación de relativa paz y comodidad, sin preocupaciones serias. Las cuentas están al día, las inversiones son promisorias, los hijos están en buen camino, el trabajo es seguro; la vida es buena. Por otro lado, quizá su vida esté yendo de mal en peor; nada está saliendo como usted lo había planeado. Parece que usted no logra obtener la oportunidad que necesita. Usted ha orado de corazón por semanas, quizá por meses, y no hay respuesta. Nada. Pareciera como si Dios se hubiera esfumado. Usted está agotado y preguntándose si el sol alguna vez saldrá de nuevo. Cualquiera que sea su situación, manténgase en guardia. En la comodidad o en la angustia, usted es presa fácil. Si escucha cuidadosamente, oirá el siseo de la voz del enemigo. Simplemente adórele, siga el estilo de vida que le sugiere y ya está. Antes de que usted se dé cuenta habrá complicado su vida y los tiempos difíciles de la tentación se intensifican.

La tentación no es una encrucijada que sólo Jesús tuvo que enfrentar; es una bifurcación frecuente en el camino. Usted se encontrará allí antes de que termine esta semana. Su experiencia no vendrá como una dramática visita personal del diablo, pero vendrá otra tentación, y otra, y otra.

¿Qué estoy sugiriendo? Claramente, uno tiene que estar preparado. Por eso quiero ofrecerle tres estrategias sencillas pero eficaces, que le ayudarán a resistir el tirón de la tentación y no dejarse sorprender sin preparación.

Primero, no se alarme, espérela. Usted no puede ser promovido en su carrera más allá del nivel de la tentación. Usted no puede tener una vida tan pacífica que finalmente esté tan segura que usted está protegido de los ataques de Satanás. Las tentaciones comienzan como batallas internas que se libran en la mente y como luchas invisibles de la voluntad. Le atacan en los recovecos más profundos del corazón. Interesantemente, nadie lo sabe. Esperar las tentaciones lo ayuda a uno a mantenerse alerta para la batalla espiritual. Cuando Pablo les escribió a los creyentes corintios, les animó a resolver los asuntos rápidamente unos con otros "para que Satanás no gane ventaja alguna sobre nosotros; pues no ignoramos sus maquinaciones" (2 Corintios 2:11).

Permítame ser dolorosamente específico en este punto. Uno de los principales campos de batalla encubiertos hoy día es la pornografía por la Internet. Las estadísticas de los adictos son abrumadoras, sin mencionar a los que la buscan en el secreto de su mundo anónimo. Sabiendo cuán extendida e insidiosa es esta tentación realmente me exige que yo esté alerta y preparado. Miles de nuevos sitios de pornografía aparecen cada mes en la Internet, y muchos están ahí ocultos, listos para llenar su pantalla aun cuando uno no los esté buscando.

Tratando de buscar en la computadora un mapa hacia una ciudad pequeña del norte de Texas, a donde varios amigos y yo podríamos ir en nuestras Harley y luego almorzar juntos, ingresé el nombre de esa ciudad, y oprimí el botón correspondiente. Eso fue todo; eso fue todo lo que escribí en la computadora. Al instante, en letras gruesas y grandes apareció "SEXO" en la pantalla; y eso fue sólo el comienzo. Mientras trataba de borrar de la pantalla las imágenes, cada nuevo intento traía más lujuriosas imágenes. Ni siquiera al oprimir la tecla "Escape" pude escapar de las obstinadas escenas, cada una intensamente seductora para la carne.

Con determinación estiré el brazo y apagué la computadora … por completo ¡Por fin! Pero, ¿me lo creería usted? Cuando volví a encender la computadora más tarde, allí estaba de nuevo; otra tentación muy real y no buscada ni deseada. Felizmente Chuck, mi hijo menor, logró encontrar la forma de limpiar el equipo; y todo empezó con una simple búsqueda rápida de una ciudad pequeña del norte de Texas. Estar alerta de esta realidad es esencial.

Este es un buen momento para mencionar varias herramientas electrónicas excelentes que ayudarán a todo el que usa una computadora. BsafeOnline y NetAccountability usan lo mejor de la tecnología y relaciones cristianas para derrotar al adversario. Los programas de filtros de la red de BsafeOnline bloquean efectivamente la pornografía de la Internet antes que entre a su hogar u oficina. El programa de NetAccountability es un "sistema de amigos" en línea que le añade garra al hecho de dar cuentas en la vida real. Por una modesta suma se puede usar ese programa para combatir esta tentación. Se selecciona a un compañero del mismo sexo con quien uno entabla una relación de exigencia de cuentas. Él o ella tiene acceso a la actividad de uno en la Internet y a cambio, uno tiene acceso al de esa persona. De esta manera, en cualquier momento, uno o la otra persona puede rápidamente ver lo que el otro ha estado mirando. El saber que el compañero le exigirá cuentas es un freno que ayuda a resistir la tentación.

Si usted habla inglés investigue en www.netaccountability.com por usted mismo. Yo lo he encontrado extremadamente eficaz, por eso lo recomiendo con frecuencia y entusiasmo. También puede visitar el sitio de *Insight for Living* en www.insight.org para enlaces con herramientas para el estudio de la Biblia y otros sitios de la red que pueden ayudar a proteger el hogar y la oficina de la seductora fascinación de la pornografía. En el sitio web de *Visión Para Vivir*, www.visionparavivir.org, también encontrará otros enlaces útiles en español.

Estas son buenas formas para estar alertas contra el tentador. No se alarme por la tentación; espérela.

Segundo, no sea ciego, identifíquela. Llame a la tentación por su nombre. Debido a que el adversario tiene innumerables métodos de ataque, y porque muy rara vez son abiertos, con frecuencia nos pescan desprevenidos. Tenemos que pedirle a Dios que nos ayude a detectar su presencia y prepararnos para el impacto.

Una pared manchada con tinta en el castillo Wartburg en Alemania ilustra mi punto. Es una parte del salón que una vez ocupó el gran reformador Martín Lutero, quien en medio de la oración y el estudio detectó la presencia del enemigo. Se dice que empuñó un tintero y lo lanzó contra la pared como si estuviera apuntándole al diablo. Lutero percibió el avance siniestro del enemigo y respondió de la mejor manera que pudo.

¿Tiene usted esa clase de sensibilidad espiritual? Cynthia y yo hemos estado en lugares en donde hemos percibido la presencia palpable del mal. Créame, no somos personas inclinadas a cazar brujas, ni somos de los que ven demonios en cada callejón oscuro o detrás de cada puerta. No somos así; pero sí nos mantenemos muy sensibles a las realidades del mal; y en más de una ocasión el uno le dijo al otro al oído: "El enemigo está en esto. Esto no es del Señor Jesucristo. ¡Vámonos!

Un cónyuge espiritualmente sensible es un magnífico don del Señor. Pero si usted no está casado o casada, busque un amigo de su mismo sexo que entienda los tiempos difíciles con los que lucha y la intensidad de su conflicto. El respaldo será invaluable. Un amigo de confianza puede ayudarle a mantenerse en línea, apoyarle en oración, y estar al alcance cuando usted comienza a flaquear. Los Alcohólicos Anónimos han operado en base a esto durante años. Cuando uno comienza a flaquear, alguien dispuesto a ayudar y fortalecerle está al alcance del teléfono.

Créame, los tinteros no pueden frustrar al diablo permanentemente. La tentación volverá. Así que no sea ciego; detéctela.

Tercero, no se la dé de listo, rechácela. He conocido a creyentes inmaduros que ingenuamente piensan que pueden arremangarse las mangas y retar a duelo al diablo ¡Que pensamiento más necio! Intente eso y perderá cada vez. Trate de darse de listo con el enemigo y él lo arrastrará por el suelo. Ni siquiera se acerque a eso; más bien, haga lo que ordena el apóstol Santiago: "Someteos, pues, a Dios; resistid al diablo, y huirá de vosotros" (Santiago 4:7). La palabra clave es *resistan*. Maravilloso consejo; y note que esta exhortación viene en dos partes: Sométanse a Dios. Resistan al diablo. Satanás quiere que uno invierta el mandamiento y haga lo opuesto; él quiere que uno resista a Dios y se someta a él ¡Qué trampa! No se las dé de listo, rechace la tentación.

UNA PALABRA FINAL DE ESPERANZA

En Hebreos 4 hay algunas palabras extremadamente reconfortantes para los que están decididos a triunfar en los tiempos difíciles de la tentación. Lea esta sección de la Santa Biblia lenta y cuidadosamente. Realmente no quiero que pierda el poder y la esperanza contenidos en esos versículos.

> Porque no tenemos un sumo sacerdote que no pueda compadecerse de nuestras debilidades, sino uno que fue tentado en todo según nuestra semejanza, pero sin pecado. Acerquémonos, pues, confiadamente al trono de la gracia, para alcanzar misericordia y hallar gracia para el oportuno socorro (Hebreos 4:15-16).

Por mucho tiempo luché por entender el significado de estas palabras. No podía comprender cómo Jesús pudo ser tentado en todas las formas en que yo he sido tentado. Piénselo con lógica. Primero, yo he vivido más de lo que vivió Jesús, y muchos de los que leen este libro tal vez han vivido más que yo. Jesús sólo vivió treinta y tres años, y sólo tres de esos treinta y tres los invirtió en el ministerio público. Así que, por ejemplo, ¿cómo podía Él saber las tentaciones que vienen con la edad? o ¿cómo podía Él entender las tentaciones de un joven soldado acantonado en Inglaterra durante la Segunda Guerra Mundial? ¿Cómo podría Él relacionarse con los intensos conflictos de una joven profesional tratando de alcanzar el éxito en los Estados Unidos de América del siglo 21? Si esa es nuestra lógica, algo nos falta.

Cristo no experimentó todas y cada unas de las tentaciones que usted o yo enfrentamos hoy, así que no es lo que esto significa; pero Él sí soportó todo el embate del poder del enemigo y lo resistió sin ceder al pecado. Ningún otro ser humano hubiera podido soportar la fuerza desenfrenada del poder de Satanás. Algunos creyentes quizá puedan manejar el treinta por ciento del poder del enemigo. Algunos podrían tener suficiente fe como para resistir el cincuenta por ciento de su ataque antes de ceder. Algunos quizá lleguen al setenta por ciento; pero nadie, excepto Jesucristo mismo, resistió todo el poderío: el ciento por ciento de la furia de Satanás. Cristo, nuestro Sumo Sacerdote, lo soportó todo por usted. Por ello Él es el recurso confiable para ayudarle al atravesar los tiempos difíciles de la tentación. Él ha estado ahí. Él ha sentido ese aguijonazo y Él le fortalece con su poder para que usted permanezca firme.

Me gusta la forma en que la Versión Popular traduce esto en:

Pues nuestro Sumo sacerdote puede compadecerse de nuestra debilidad, porque él también estuvo sometido a las mismas pruebas que nosotros; solo que él jamás pecó. Acerquémonos, pues, con confianza al trono de nuestro Dios amoroso, para que él tenga misericordia de nosotros y en su bondad nos ayude en la hora de necesidad (Hebreos 4:15-16).

Por eso confiar y descansar en Cristo en los tiempos difíciles de la vida tiene tanto sentido. Nadie, excepto Jesús puede decir: "Yo he soportado hasta el extremo los ataques del enemigo; y cuando tú enfrentas tus tentaciones, puedes depender de mí. Yo tengo el poder. Yo puedo proveerte la fortaleza que necesitas para aguantar. Recibe la misericordia; acepta mi ayuda."

Por la gracia de Dios, sus opciones se reducen a una. Lo que usted necesita es a *Jesús*. ¡Él es todo lo que usted necesita! Él es suficiente. Por cierto, Martín Lutero hizo algo más que simplemente lanzar un tintero contra una pared del castillo. Él usó la tinta para componer su magnífico himno "Castillo fuerte es nuestro Dios." Una de esas estrofas es demasiado relevante como para ignorarla.

> Nuestro valor es nada aquí,
> Con Él todo es perdido
> Más por nosotros pugnará
> De Dios el Escogido.
> ¿Sabéis quién es? Jesús,
> El que venció en la cruz,
> Señor de Sabaot.
> Y pues Él sólo es Dios,
> Él triunfa en la batalla.[5]

Si hay alguien apto para ganar la batalla, ese es Jesús. Cuando usted deja que Él pelee por usted, Él lo hará. La pregunta es simplemente: *¿Le dejará que lo haga?*

Dos

Cuando se atraviesa los tiempos difíciles de la incomprensión

R ALPH WALDO EMERSON DIJO: "Ser grande es ser incomprendido."[1] Al leer esto usted tal vez piense: *Si eso es cierto, ¡soy más grande de lo que pensaba!* Pocas cosas en la vida son más difíciles de soportar que el ser incomprendido; y para empeorar las cosas, no ser comprendido es una experiencia humana muy común. Podemos estar marchando bastante bien cuando de pronto chocamos con alguien que malinterpreta nuestras acciones o juzga mal nuestros motivos. Como resultado, podemos gastar meses o años, desperdiciando energía preciosa tratando de superar el destrozo. Los tiempos difíciles de la incomprensión me recuerdan el hockey.

A los jugadores de hockey les encantan los choques de frente. ¿Será por eso que inventaron ese juego? Dos equipos de seis jugadores en patines para hielo tratan de anotar un gol estrellando contra la red del equipo oponente con un bastón doblado en la

17

punta inferior un disco de caucho de cómo diez centímetros de diámetro. Esa es la parte fácil. Lo que resulta, sin embargo, es un sin fin de incesantes choques de jugadores que parecen disfrutar al estrellarse uno contra otro.

Por supuesto, hay destreza involucrada en el juego de hockey (eso me digo todo el tiempo). Puedo detectar cierta elegancia en dos hombres fuertes chocando al deslizarse en patines; pero las cosas se pueden poner feas rápidamente, especialmente cuando los guantes salen volando y comienza a correr la sangre. Ahí es cuando uno corre para protegerse … ¡a menos que sea un fanático! A los fanáticos les encantan esas peleas. Pronto las bancas de los equipos se vacían mientras los jugadores se abalanzan sobre el hielo como abejas asesinas y se confunden en un torbellino de números. El número 47 está dándole puñetazos a la nariz del 3, el cual está rasgando la camiseta del 50, que está apretándole la garganta al 65, que a su vez está tratando de arrancarle al 74 la mascarilla con cabeza y todo. Lo único que los jugadores de hockey no hacen es morderse unos a otros, pero eso se debe a que a ninguno le quedan suficientes dientes.

Pero los malentendidos verdaderos no son cosa de juego, y la vida puede tornarse extremadamente fea. Vuelan los guantes, las emociones se enardecen y arden, y el resultado es un torbellino de caos y dolor. Atravesar los tiempos difíciles de la incomprensión puede ser una lucha larga y angustiosa. Como lo aprendimos en cuanto a las tentaciones, necesitamos recordar que no estamos solos.

¿INCOMPRENDIDO? USTED NO ESTÁ SOLO

Permítame darle algunos ejemplos de la vida diaria y luego de la Biblia. Ambas categorías ilustran cómo ocurren esos choques violentos. Espero que usted encuentre consuelo y ayuda al darse cuenta de que no es el único que enfrenta el conflicto.

Algunos ejemplos de la vida diaria

Imaginémonos que realmente usted quiere ayudar a una persona necesitada y se arriesga a extender la mano con compasión. Su motivo es puro, y su corazón es recto; pero para sorpresa suya, a partir de ahí todo va cuesta abajo. Algún criticón envidioso decide que usted lo está haciendo sólo por provecho propio y comienza a cuestionar sus motivos. Nada de lo que usted diga o haga cambia la opinión del criticón. Ahora se le ve a usted como entrometido y manipulador, y se le describe verbalmente como santurrón entrometido. Incomprendido.

O digamos que usted es mujer, y su mejor amiga se encuentra en un serio atolladero. Parte del problema se debe a ella misma, así que usted comienza a orar. Igualmente, su corazón es recto. Poco después usted comienza a sentir que el Señor quiere que hable con ella con amor cristiano con la esperanza de que ella se motive a asumir su responsabilidad y cambiar. ¡Ni en sueños! Ella explota, cuestionando sus intenciones *reales*, y la acusa de estarla juzgando. Lo que había sido una cálida amistad se enfría. Incomprendida.

En su deseo de aportar al rendimiento de fin de año de la compañía en donde usted trabaja, se le ocurre una gran idea. Por cuenta propia logra hacer subir un escalón todas las cosas y eso da como resultado que una importante línea de productos rinde muy bien en el mercado. Todo resulta extraordinariamente bien. El resultado fue una hermosa promoción y el reconocimiento público de parte del jefe de su división. Todos aplauden su creatividad y diligencia. Bueno, casi todos. Para su sorpresa, su supervisor inmediato piensa que usted está tratando que quitarle el puesto. Sintiéndose amenazado por su éxito, comienza a verle a usted como demasiado ambicioso, presumido y demasiado seguro de sí mismo. Le hace la vida miserable en la oficina, y todo se convierte en un gran enredo …

todo porque usted tuvo una gran idea y estaba tratando de servir bien en su trabajo. Incomprendido.

Felizmente Dios no ha dejado las experiencias de malentendidos fuera de su palabra. En las páginas de las Escrituras hay numerosos ejemplos de cómo incluso los siervos escogidos de Dios sintieron el aguijonazo y tuvieron que soportar los tiempos difíciles de la incomprensión.

Dos ejemplos de la Biblia

Después de varios golpes dolorosos, la vida empezó a mejorar para José. Sus hermanos lo habían rechazado y vendido como esclavo. Cuando el polvo se asentó, se encontró en la casa de Potifar, un alto funcionario de Egipto. Debo explicar que esos hermanos de malas pulgas habían entendido mal el tratamiento especial que José había recibido de su padre Jacob, y eso los llevó a deshacerse de José de una vez por todas; pero la Biblia dice: "Mas Jehová estaba con José, y fue varón próspero." ¿No es eso grandioso? Y las cosas mejoran. Lea cuidadosamente cómo se desarrolla la historia.

> Y vio su amo que Jehová estaba con él, y que todo lo que él hacía, Jehová lo hacía prosperar en su mano. Así halló José gracia en sus ojos, y le servía; y él le hizo mayordomo de su casa y entregó en su poder todo lo que tenía. Y aconteció que desde cuando le dio el encargo de su casa y de todo lo que tenía, Jehová bendijo la casa del egipcio a causa de José, y la bendición de Jehová estaba sobre todo lo que tenía, así en casa como en el campo. Y dejó todo lo que tenía en mano de José, y con él no se preocupaba de cosa alguna sino del pan que comía (Génesis 39:3-6).

Todo hubiera sido ideal para el joven si no fuera por un último pequeño detalle: "Y era José de hermoso semblante y bella presencia" y la esposa de Potifar lo quería para ella. En muchas ocasiones José rechazó los intentos de seducción, pero ella no se dio por vencida. Dice el relato que un día, mientras José realizaba sus tareas en la casa, la agresiva esposa de Potifar lo agarró en abrazo lujurioso. José mantuvo sus cabales, se libró de ella y salió corriendo. Furiosa, ella agarró su capa mientras él salía, y la guardó como evidencia para sustentar su acusación: "¡Violación! ¡Trató de violarme!" Su falsa acusación envió a José a una mazmorra egipcia, donde se vio obligado a pasar años de virtual oscuridad. No había manera de librarse de ésto; había sido acusado injustamente. La palabra es *incomprensión*.

Luego tenemos a David. El joven pastor pasó sus primeros años en los campos cuidando las ovejas de su padre. Un día escuchó a su padre llamarlo desde la casa. Allí estaba Samuel, un profeta del Señor que había venido a ungirlo con aceite, y aceite apropiado para un rey. Rey de Israel, para ser preciso. Un día David estaba cuidando ovejas y al día siguiente se le dijo que algún día gobernaría a la nación. Después de eso nada cambió mucho, hasta que un día Isaí, el padre de David, le encargó que llevara un paquete de comida a sus hermanos, que eran soldados en el ejército de Israel, que se hallaba en un impase con los filisteos. Mientras visitaba el campo de batalla cumpliendo el encargo, David notó que un gigante filisteo andaba de un lado a otro mofándose de los ejércitos de Israel. Se indignó por los viles insultos que salían de la boca del gigante, y con un certero disparo de la honda de David el gran enemigo de Israel cayó ruidosamente al suelo en el valle de Ela. El rey Saúl presenció todo el evento boquiabierto por el asombro, y luego llamó a su lado a David. Invitado a la corte privada de Saúl, David se convirtió en el músico personal y sirviente del rey. Pero eso resultó ser demasiado como para sentirse cómodo, ya que el envidioso Saúl observó como el joven David crecía en el favor de Dios y ante el pueblo de Israel. No pudo aguantarlo. No pasó mucho tiempo para que la popularidad de David enfureciera a Saúl, cuyos celos se intensificaron tanto que trató de atravesarlo con una lanza. David pasó los próximos diez años como fugitivo en el desierto de Judea. Otro caso clásico de incomprensión. Los encuentros con los malentendidos pueden echar a perder lo mejor de nosotros.

Esos ejemplos del Antiguo Testamento me hacen recordar a otro que soportó los tiempos difíciles de la incomprensión. De hecho, todo en su existencia terrenal, desde el vientre materno hasta la tumba, estuvo envuelta en una intrincada red de incomprensiones. Su inmerecido dolor y sufrimiento no simplemente *pareció* que duraba toda una vida; en efecto duró toda una vida.

¿Incomprendido? Conozca a Uno que entiende

El individuo más incomprendido que jamás haya vivido fue Jesucristo. Los críticos se burlaron de las circunstancias de su nacimiento, cuestionaron su origen divino con crueles mofas racistas, al punto de acusarlo de pertenecer a Satanás. Desdeñaron sus propósitos, denigraron sus enseñanzas, sospecharon de sus motivos, criticaron sus métodos y se enojaron por su mensaje. Finalmente, los dirigentes judíos conspiraron con los oficiales romanos para llevarlo a la muerte. Eso explica lo que el apóstol Juan quería decir cuando escribió: "La luz en las tinieblas resplandece, y las tinieblas no prevalecieron contra ella…. A lo suyo vino, y los suyos no le recibieron" (Juan 1:5, 11). Cristo entró en una incomprensible oscuridad en donde encontró solamente férrea incomprensión.

Incomprendido por los fariseos

Jesús inauguró su ministerio y autenticó su afirmación de ser el Mesías realizando milagros por todo el país; pero fueron esos portentos sobrenaturales los que provocaron el desprecio y burla de los fariseos, los dirigentes religiosos de Israel que no comprendieron su misión redentora.

Los versículos iniciales de Marcos 3 preparan el escenario para el conflicto inicial: "Otra vez entró Jesús en la sinagoga; y había allí un hombre que tenía seca una mano. Y le acechaban para ver si en el día de reposo le sanaría, a fin de poder acusarle" (vv. 1-2).

¡Ya estaban disparándole! Jesús apenas había comenzado su ministerio y ya estaban confabulando contra Él. El hecho de que el hombre con la mano paralizada se hubiera acercado hasta Jesús no les importó a los fariseos, ni tampoco el que el hombre hubiera sido sanado. El foco de atención se concentró en el sabat ¡Había algunas cosas que un buen judío simplemente no hacía en el sabat!

Me encanta la forma en que Jesús hizo lo debido, y luego confrontó a sus críticos con una pregunta crucial: "Entonces dijo al hombre que tenía la mano seca: Levántate y ponte en medio. Y les dijo: ¿Es lícito en los días de reposo hacer bien, o hacer mal; salvar la vida, o quitarla? Pero ellos callaban" (vv. 3-4).

Pero, ¡por supuesto! Los legalistas se molestan cuando se les pone al descubierto; y obviamente no apreciaron la pregunta. Tenemos que entender a los fariseos. Ellos eran los legisladores, los guardianes consumados y ejecutores de la ley. Ellos representaban el legalismo del primer siglo en todo su apogeo. Son los individuos que reparten fotocopias del reglamento de la iglesia a todos los nuevos miembros y visitantes; y más vale que las cumplan. ¡Esas listas de regulaciones interminables llegaron a ser para ellos mucho más importantes que la ley mosaica! Ellos llegaron a ser maestros de lo tedioso. Por ejemplo, Moisés dijo: "Acuérdate del día de reposo para santificarlo." Ellos añadieron: "Ni siquiera pienses caminar sobre el césped de la sinagoga, porque romperás las hojas del pasto, lo que constituye trabajo" (Trate de no sonreír mientras se imagina el absurdo). Nadie tenía el valor para cuestionar a los dirigentes religiosos por su descarado abuso del poder; ninguno, hasta que llegó Cristo, el Señor del día de reposo.

Sabiendo que "El día de reposo fue hecho por causa del hombre, y no el hombre por causa del día de reposo" (Marcos 2:27), Jesús aprovechó la oportunidad para suplir una necesidad. Muy al tanto de la malicia de sus críticos, les preguntó si en el día de reposo se podía matar o sanar, hacer bien o mal. Grandes preguntas que les taparon la boca.

Lleno de santa indignación contra los hipócritas fariseos y arrogantes, y de enorme compasión por el lisiado, Jesús hizo lo que había venido para hacer: restauró a un pecador herido. Los fariseos gruñeron con desaprobación. En absoluto desafío Jesús había quebrantado una de sus ridículas leyes hechas por el hombre, que ellos veían como más importante que el ministerio; y lo odiaron por eso. Incomprendiendo sus acciones, no reconocieron que Jesús colorea fuera de las líneas. Ellos decían que todos debían mantenerse dentro de los rígidos requerimientos de su religión bizca y legalista. Tristemente, todavía tenemos muchos de esos fariseos corriendo hoy por nuestras iglesias, que atacan a cualquiera que se sale de la línea, su línea. Personas como esas nunca entienden a la gente de gracia.

Malentendido por su propio pueblo

Lea un poco más adelante a Marcos 3 y llegará a otra encrucijada de la incomprensión. Jesús se encuentra con un grupo de personas que se habían reunido mientras Él entraba a su ciudad natal. A pesar de que se debate si se trataba de Nazaret o Capernaúm, pienso que se trataba de Capernaúm, el hogar adoptivo de Jesús, aproximadamente a unos cincuenta kilómetros de Nazaret. Allí la gente recordaba a Jesús como muchacho, andando junto a sus padres.

Tenían la curiosidad por la nueva fama de Él, y sin duda vinieron a verlo con sus propios ojos. La Biblia relata el episodio mejor que yo:

> Y se agolpó de nuevo la gente, de modo que ellos ni aun podían comer pan. Cuando lo oyeron los suyos, vinieron para prenderle; porque decían: Está fuera de sí (Marcos 3:20-21).

Tengo que interrumpir para insertar un pensamiento. La gente de la ciudad natal nunca entiende cómo un muchacho local pueda lograr muchos seguidores. Como dice una canción popular de los Estados Unidos de América, siempre piensan que uno todavía tiene dieciséis años. A pesar de la popularidad sin precedentes de Jesús, esta gente todavía no podía entender eso. Tracemos el crecimiento de su popularidad en los primeros dos capítulos del Evangelio de Marcos.

Primero leemos: "Y muy pronto se difundió su fama por toda la provincia alrededor de Galilea." Eso está en Marcos 1:28, y unos versículos después Marcos añade: "Cuando llegó la noche, luego que el sol se puso, le trajeron todos los que tenían enfermedades, y a los endemoniados; y toda la ciudad se agolpó a la puerta" (1:32-33). Más adelante, en el capítulo 2, Marcos describe otra extraordinaria escena completa con una gran multitud: "Entró Jesús otra vez en Capernaum después de algunos días; y se oyó que estaba en casa. E inmediatamente se juntaron muchos, de manera que ya no cabían ni aun a la puerta; y les predicaba la palabra" (2:1-2).

La multitud seguía llegando y el número crecía. Para cuando Jesús volvió a Capernaúm y se encontró con el hombre de la mano seca (Marcos 3), toda la región había oído de este predicador local. ¡Y hablamos de un horario muy lleno! Marcos indica claramente que la intervención de Jesús en las necesidades de la gente se había vuelto tan exigente que ni siquiera tenía tiempo de comer (3:20).

La gente no podía entender la obvia pasión de Jesús por el ministerio. Se avergonzaban de Él; así que, decidieron recluirlo. ¿Por qué? Porque (¿está listo?) ellos estaban convencidos que "Está fuera de sí." Otra traducción dice: "Se había vuelto loco." Para decirlo francamente, ellos determinaron que Jesús estaba loco ¿Qué tal eso para incomprensión? Uno está sirviendo a Dios sinceramente, de corazón, con gran diligencia, y la propia gente de uno piensa que uno ha perdido un tornillo.

Sin duda ellos pensaban lo mismo de los que Cristo había escogido para dirigir. ¿Andrés y Pedro? ¡No eran exactamente especímenes de genio y distinción! Estos hombres eran pescadores convertidos en fanáticos religiosos. Dejaron un trabajo rentable para unirse a este grupo religioso itinerante. Ninguno de ellos podía tener ambos remos en el agua, y esos eran los individuos con los que Jesús se codeaba. Así que el pueblo pensó: *Quitémoslo del paso; recuperará sus cabales después de pasar algún tiempo en casa.* No entendieron nada. Lo malinterpretaron por completo. Para ellos la intensa dedicación de Cristo se situaba en algún punto entre la locura y el fanatismo.

Se dice que mientras más se acercaba Tomás Edison a la invención de la bombilla incandescente, menos comía y dormía. Dejaba las comidas sin tocarlas, las lámparas de su taller permanecían encendidas durante días. Sin embargo, después de más de setecientos experimentos fallidos, el sueño de Edison de una bombilla incandescente se hizo una realidad. Cada vez que usted y yo encendemos la luz debemos decir: "Gracias, señor Edison: Lo logró; usted perseveró y yo nunca estaré a oscuras." Pero, ¿y la gente del tiempo de Edison? Ellos también se preocupaban por él. Se le veía como excéntrico; y algunos pensaban que estaba al borde de la locura. Con la grandeza viene la incomprensión.

No le haría daño ponerse en los zapatos de alguien a quien otros ven como algo loco sin que lo esté. Hágalo personal: ¿Puede imaginarse el dolor de que lo tilden de loco? O avance un paso más allá, ¿se imagina el horror de ser recluido en un manicomio cuando usted está más cuerdo que los que le rodean? Jesús sintió todo eso. Su propio pueblo lo incomprendió por completo; pero eso no fue el final. Una cosa es que piensen que uno está loco; es peor que lo llamen endemoniado.

Incomprendido por los escribas

Luego llegan los escribas. El primer grupo malinterpretó las acciones de Jesús; el segundo no entendió su intensidad; ahora estas personas no comprenden su poder. Un grupo de escribas de Jerusalén llegó a Capernaum. Marcos nos dice que ellos "decían que tenía a Beelzebú, y que por el príncipe de los demonios echaba fuera los demonios" (Marcos 3:22).

Yo también he recibido mi porción de críticas y malos entendidos, pero estoy agradecido de que nunca me han acusado de eso (¡hasta donde yo sepa!). Piense en el aguijonazo de que lo llamen Satanás. Jesús respondió a las descabelladas acusaciones de los escribas con lógica poderosa. Él desarmó sistemáticamente los erráticos ataques de ellos. Si Él era Satanás, ¿cómo podría echar a los demonios fuera de su propio reino? Un reino dividido contra sí mismo ni siquiera sería un reino. Lea Marcos 3:24-29 y verá el poder de la respuesta de Jesús. Los escribas incomprendieron el poder de Jesús, y lo descartaron como demoníaco.

Una breve advertencia es necesaria en este punto. Las palabras ásperas pueden golpear e incrustarse como metralla en la mente. Trágicamente, una víctima puede pasar la mayor parte de la vida tratando de que su cerebro descarte todo eso. Al que dijo: "Palos y piedras pueden romperme los huesos pero las palabras nunca podrán lastimarme" se debería recluirlo y encerrarlo. Nada podría estar más lejos de la realidad. Insultos y palabras descomedidas en efecto nos lastiman, y el daño puede ser permanente. Necesitamos cuidar lo que les decimos a otros, especialmente a nuestros hijos y seres queridos.

Aunque Jesús era totalmente Dios, también era totalmente humano. Esa acusación tiene que haberle calado y herido profundamente en sus emociones humanas. Pero eso es lo que ocurre cuando hay incomprensión. En el acaloramiento del momento el atacante acomete contra su carácter, y eso duele ... profundamente. Jesús entró a Galilea haciendo milagros portentosos en beneficio de los necesitados y sus críticos los llamaron demonio. Sólo podemos imaginarnos cómo se sintió. Uno puede esperar palabras así de crueles de los enemigos, pero ¿qué tal de la *propia familia* de uno?

Malentendido por su familia

El peor de los cuatro golpes que Jesús soportó vino de sus propios parientes de sangre. Qué difícil debe haber sido cuando fue incomprendido por su familia inmediata.

> Vienen después sus hermanos y su madre, y quedándose afuera, enviaron a llamarle. Y la gente que estaba sentada alrededor de él le dijo: Tu madre y tus hermanos están afuera, y te buscan. El les respondió diciendo: ¿Quién es mi madre y mis hermanos? Y mirando a los que estaban sentados alrededor de él, dijo: He aquí mi madre y mis hermanos. Porque todo aquel que hace la voluntad de Dios, ése es mi hermano, y mi hermana, y mi madre (Marcos 3:31-35).

Después de un estudio cuidadoso me he convencido de que los parientes que menciona Marcos aquí esperaron afuera porque creían que Jesús había enloquecido. Querían evitarle la vergüenza y protegerlo de más ridículo público.

A. T. Robertson escribe sobre esto como "un patético cuadro de la madre y los hermanos parados fuera de la casa, pensando que Jesús está fuera de sí y deseando llevarlo a casa."[2]

¿Ha conocido usted el dolor de que su propia familia se vuelva en contra suya debido a un malentendido? Es lo que yo llamo un corazón lastimado por un ataque interno. Es terrible. Afloja las raíces más profundas y lo desmoraliza a uno. En algunos casos uno nunca se recupera del todo. Esta es, pienso yo, una de las incomprensiones más dolorosas.

Cuán totalmente equivocados estaban la madre y hermanos de Jesús. Se equivocaron por completo en cuanto a Él. Encima de eso, intentaron tratarlo de una manera errada. Al darse cuenta de que no lo habían entendido, Jesús rehusó salir a ellos. Su prioridad más alta estaba con los que se habían reunido a su alrededor para oír lo que tenía que decir, para recibir lo que había venido a traer.

Ustedes que han experimentado la dolorosa incomprensión de parte de la familia, sean muy gentiles en cómo le hablan a sus ofensores, especialmente si son sus padres o suegros. Hace años surgió una extraña teoría que repudiaba el valor de respetar a los padres, especialmente cuando estaban equivocados. Mientras usted no haya sido padre o madre por algunos años no se dará cuenta de la dificultad y el dolor que causa cuando estalla en contra de los hijos. Mi consejo es sencillo: camine de puntillas. Considere mucho de esa relación como tierra santa, aunque usted tenga la razón.

Jesús resistió el salir y regañar a su madre y otros parientes en público. Él siguió haciendo lo que estaba haciendo, dejando que ellos se figuraran las cosas por cuenta propia.

Esa deber haber sido una de las experiencias más dolorosas en los comienzos del ministerio de Jesús: el que su propia familia se vuelva públicamente en su contra. Sin embargo, a pesar de ser incomprendido, Él lo soportó. Usted también puede soportarlo.

Ayuda para que salga adelante

Permítame darle algo de ayuda que le guiará en los tiempos difíciles de la incomprensión personal. Tres pensamientos sencillos vienen a la mente, y se los ofrezco porque a mí me han servido.

Cuando se sienta incomprendido, pregunte: "¿quién?" Éste es el viejo consejo de considerar la fuente. Jesús, en estas variadas circunstancias se miró a sí mismo por los ojos de otras personas. En cada caso esto le ayudó a comprender por qué la gente lo veía como lo hicieron y cómo debía responder. Preguntar: "¿quién?" es un buen lugar para empezar.

Si el malentendido continúa, pregunte: "¿por qué?" Es posible que usted sufra de incomprensión por algo que hizo sin darse cuenta. Todos tenemos puntos ciegos que no nos permiten ver todo el cuadro … la forma en que otros nos ven. Si con frecuencia es incomprendido en el mismo punto, sería sabio examinar por qué. Todos necesitamos examinarnos a nosotros mismos de vez en cuando. Es saludable preguntar por qué.

Cuando el mal entendido se resuelve, pregunte: "¿qué?" ¿Qué puede aprender de la experiencia? ¿Podría haber respondido a esa situación de una manera más madura? ¿Ha asumido la responsabilidad de sus propios errores? ¿Está seguro de que no hay otras bases que cubrir? Aprender de las incomprensiones le puede ayudar a prevenir dolor y angustia en el futuro.

Voy a cerrar este capítulo con dos palabras importantes: *perdón* y *amargura*. Sin la primera usted andará por la vida cojeando por la segunda. La incomprensión puede engendrar amargura profundamente arraigada, que no se elimina con facilidad. Tiene que haber perdón si usted espera librarse de su doloroso pasado. Eso no quiere decir que usted está de acuerdo, ni que necesariamente ahora tiene una relación íntima con quien le ofendió. Lo que sí significa es que usted lo suelta … para siempre. Y cierto, perdonar en efecto significa olvidar. La amargura deposita gérmenes peligrosos en nuestros bancos de memoria, puede causar una enfermedad que perdura y con el paso de los años nos roba la dicha y la paz. Así que usted debe perdonar y olvidar. La amargura reemplaza al perdón, o el perdón borra la amargura. No pueden coexistir.

Si usted está leyendo estas palabras y se da cuenta de que lo consume la amargura, le insto a que le haga frente y lo deje ir. Usted no puede cambiar el pasado, pero su amargura puede cambiarle a usted. Usted debe buscar el perdón deliberadamente. Habrá otros choques con la incomprensión, justo como el juego de hockey que mencioné anteriormente. Le caerán encima una y otra vez, y su amargura solamente se intensificará, hasta que llegue al punto del completo perdón. Entonces hallará que cuando choque otra vez con una persona que lo mal entiende, usted puede hacerle frente; y dejarlo por lo sano.

¿Recuerda las palabras de Emerson? "Ser grande es ser incomprendido." La siguiente es una declaración mejor: "Ser grande es perdonar al que no nos comprendió."

꩜

Padre nuestro: Nos damos cuenta de que es imposible atravesar los tiempos difíciles de la incomprensión por nuestra propia cuenta. Sólo tú puedes lograr que esto suceda. ¡Y qué grandioso es cuando ocurre! Nos damos cuenta de que esta clase de grandeza empieza y termina en ti.

Llévanos al punto en donde podamos vivir como vivió tu Hijo, enfrentando como es debido a los que nos comprenden mal, oyendo sus palabras y sintiendo el aguijonazo de sus acusaciones e incluso insultos, pero aprendiendo cómo vivir por encima de ellos. Toma las palabras de este capítulo y grábalas en nuestros corazones, trayendo nueva esperanza y el necesario alivio. Ayúdanos a perdonar por completo. Te pido esto especialmente por aquél cuya vida está consumida por el ácido del resentimiento y lisiado por la desdicha de la amargura. Llévanos en una vuelta completa, al lugar del completo alivio, en donde sin que importe quién nos haya comprendido mal, podamos seguir adelante, como lo hizo tu Hijo ... todo el camino hasta la cruz.

Te lo pido en su triunfante nombre. Amén.

Tres

Cuando se atraviesa los tiempos difíciles de la ansiedad

¿QUÉ ESTÁ HACIENDO QUE USTED SE MUERDA LAS UÑAS ÚLTIMAMENTE? No me refiero a esas pequeñas zorras que de vez en cuando roen su mente. No me refiero a esos intrusos sin importancia que interrumpen su día como una llave que gotea, llaves extraviadas o hallar que el coche tiene una llanta desinflada en la mañana. Me refiero a los monstruos mentales que causan grandes úlceras, que se introducen en la cabeza, y luego le acompañan a la cama y le quitan el sueño. También están las incesantes preocupaciones que le quitan la alegría de un muy necesitado día feriado. Pienso en esas preocupaciones aterradoras de las que uno no se puede librar ¿Hay algo que le despierte una ansiedad así?

Hace algunos años el Centro Nacional de Ansiedad en Maplewood, Nueva Jersey, dio a conocer las "Diez ansiedades más importante de los años 90." Eran: (1) SIDA, (2) abuso de drogas

33

(3) desperdicios nucleares, (4) la capa de ozono, (5) el hambre, (6) los indigentes, (7) el déficit federal de los Estados Unidos de América, (8), la contaminación del aire, (9) la contaminación del agua, y (10) la basura. Desde entonces, a la luz del 11 de septiembre del 2001, el Centro ha revisado su lista y puso el "terrorismo global" como la principal causa de ansiedad. Es más, Alan Caruba, fundador del Centro, destaca que "la lista de los años noventa trataba de reflejar los asuntos ambientales y sociales de esa década."[1] Hoy día, obviamente, añadimos el temor a los ataques terroristas, las preocupaciones de una guerra a gran escala, las amenazas de ataques nucleares desde Corea o China, el riesgo de perder un buen trabajo, y tal vez los inquietantes pensamientos de envejecer solo y sin que nadie lo quiera a uno.

Interesantemente, mientras todos tenemos listas diferentes, nuestras preocupaciones más profundas e implacables tienen un efecto similar. Nos inquietan, nos roban la sonrisa del rostro, y arrojan sombras oscuras sobre nuestro futuro al enfocar nuestros vergonzosos pasados. Las ansiedades obstinadas obran como ladronzuelos en las oscuras esquinas de nuestros pensamientos al robarnos la paz y secuestrar nuestra alegría.

Si permitimos que haga su insidioso trabajo, la ansiedad a la larga drenará todos nuestros recursos y nos dejará en bancarrota emocional e inmovilidad espiritual; razón por la cual es preciso hacerle frente de lleno a los tiempos difíciles de la ansiedad. El primer paso en ese proceso es analizar y entender el poder de ella.

Un vistazo a la ansiedad

En mis más de cuarenta años de ministerio pastoral, siempre que he enseñado o hablado sobre el tema de la ansiedad he destacado la pertinencia del consejo del apóstol Pablo en su carta a los

Filipenses. Pongo las palabras *preocupación* o *ansiedad* en la máquina de búsqueda de mi corazón y rápidamente Filipenses 4 me viene a la mente.

Qué es la ansiedad

Para ver algunos indicios clave de la naturaleza de la ansiedad veamos de cerca las tranquilizadoras palabras de ese pastor del primer siglo, dirigidas a un grupo de ovejas que sufrían por la ansiedad.

> Regocijaos en el Señor siempre. Otra vez digo: ¡Regocijaos! Vuestra gentileza sea conocida de todos los hombres. El Señor está cerca. Por nada estéis afanosos, sino sean conocidas vuestras peticiones delante de Dios en toda oración y ruego, con acción de gracias. Y la paz de Dios, que sobrepasa todo entendimiento, guardará vuestros corazones y vuestros pensamientos en Cristo Jesús (Filipenses 4:4-7).

De inmediato descubrimos un mandato en cinco palabras, que se podría traducir literalmente: "¡Dejen de preocuparse por nada!" La palabra griega que se traduce como "estar afanosos," o "ansiedad" viene del verbo griego *merimnao*, que significa "estar dividido o distraído." En latín, la misma palabra se traducida *anxius*, que añade el matiz de ahorcar o estrangular, y de allí se deriva la palabra castellana *ansiedad*. Los tiempos difíciles de la ansiedad amenazan con estrangular nuestra vida, dejándonos asfixiados por el temor y boqueando en busca de esperanza.

Jesús usó términos similares cuando se refirió al afán en su parábola del sembrador en Marcos 4. El Maestro Ilustrador pintó en las mentes de sus oyentes un cuadro de un agricultor sembrando en cuatro tipos de terrenos. En esa parábola Él menciona una semilla sembrada entre las espinas, y al hacer eso Él subraya tanto la naturaleza real como el poder destructivo de la ansiedad. Jesús dijo: "Otra parte cayó entre espinos; y los espinos crecieron y *la ahogaron,* y no dio fruto" (v. 7, énfasis añadido). Más tarde, cuando los discípulos le preguntaron a Jesús el significado de la parábola, Él interpretó sus propias palabras. En relación a la semilla sembrada entre espinas explicó: "Estos son los que fueron sembrados entre espinos: los que oyen la palabra, pero los *afanes* de este siglo, y el engaño de las riquezas, y las codicias de otras cosas, entran y *ahogan* la palabra, y se hace infructuosa" (vv. 18-19, énfasis añadido).

El que siembra la semilla, siembra la palabra de Dios. Claramente el Sembrador debe ser Jesús y sus enseñanzas, pero la referencia también puede incluir también a todo el que siembra la verdad mediante la enseñanza o la predicación. El terreno debe ser las mentes y los corazones de todos los que oyen la verdad que está siendo sembrada. La ansiedad brota como hierba mala y espinas, y crece alrededor de la verdad de la Palabra de Dios, ahogando la vida y la paz que ella pueda dar. En una lección gráfica concerniente a la semilla y el terreno Jesús hace una conexión directa entre los efectos devastadores de la ansiedad y los de la estrangulación. ¡Nos asfixia!

Qué hace la ansiedad

Yo tengo mi propia definición de la ansiedad: *es la dolorosa intranquilidad de la mente que se alimenta con miedos inminentes.* En su forma más benigna sencillamente nos agitamos; en su forma más severa nos da pánico. Este es un buen lugar para hacer una pausa y profundizar un poco. ¿Por qué la ansiedad es tan dañina y espiritualmente debilitante? Quiero indicar tres afirmaciones que nos ayudarán a contestar esa pregunta. Espero que sirvan como punto de partida para una ilustración de los tiempos bíblicos.

La ansiedad destaca el punto de vista humano y ahorca el divino, así que nos atemorizamos. Cuando nos preocupamos, tenemos un nivel tan alto de consciencia de los eventos humanos que nos rodean que la perspectiva de Dios queda asfixiada. La preocupación estrangula la perspectiva divina de nuestra vida diaria, lo que nos hace irritables.

La ansiedad sofoca nuestra capacidad de distinguir entre lo incidental y lo esencial, así que nos distraemos. En medio de los detalles atemorizantes, añadimos interminables temores, dudas, tareas, expectativas y presiones; y a la larga perdemos el enfoque de lo que importa. Nos distraemos con lo incidental y, al mismo tiempo, descuidamos lo esencial. La gente fructífera por lo general es gente tranquila; la gente improductiva, por otro lado, se hace nudo, habiendo permitido que las preocupaciones incidentales se enreden en su mente como una enredadera de espinas que le llevan a la distracción.

La ansiedad succiona nuestra alegría y nos convierte en jueces, en lugar de aceptar a la gente, así que nos volvemos negativos. Nos volvemos negativos cuando la preocupación gana la batalla. Inevitablemente llevaremos nuestra ansiedad a otros. La preocupación actúa como el colesterol malo, endureciendo las arterias de nuestros corazones espirituales y bloqueando el paso del amor y la gracia hacia otras personas. A la larga, mientras las espinas y cardos se intensifican, nos volvemos negativos, amargados, de mente estrecha y básicamente de escasa ayuda para nadie.

En esos tiempos difíciles cuando la ansiedad se infiltra para llenar nuestra mente con temor, distracción y amargura, debemos acudir a Aquel que nos ofrece una paz inexplicable. Felizmente no estamos solos en esta lucha, ni tampoco lo estuvieron los que estuvieron más cerca de Jesús cuando Él estaba en la tierra. Hay una escena bíblica en donde Jesús aparece como el Maestro gentil y compasivo que ofrece perspectiva y corrección a un amigo angustiado.

Un retrato de la ansiedad en el primer siglo

La escena que tengo en mente se relata en Lucas 10. Es una de las viñetas más íntimas de la vida de Jesús. El escenario es el hogar de tres de los amigos más íntimos del Señor: Marta, María y Lázaro, que vivían en la aldea de Betania, justo en las afuera de Jerusalén.

Por razones que no se indican Jesús escogió ese hogar como lugar de refugio, un lugar ideal para alejarse del estrés y presión del ministerio público. Era allí que Él encontraba amparo seguro entre personas que no hacía preguntas tendenciosas, que lo aceptaban por lo que Él era, que no lo criticaban y que no tenían objetivos ocultos. Cuando leo este relato me pregunto si Jesús viviera en la actualidad, ¿escogería *mi* casa? Y a propósito, ¿sería *su* casa uno de esos lugares en donde Él encontraría descanso y alivio?

Dejemos otra vez que sea la Biblia la que nos relate la conmovedora escena. Observe cuidadosamente cómo estos tres confiados individuos reaccionan ante la visita de su famoso amigo y algunos de sus cansados y hambrientos discípulos.

Aconteció que yendo de camino, entró en una aldea; y una mujer llamada Marta le recibió en su casa. Esta tenía una hermana que se llamaba María, la cual, sentándose a los pies de Jesús, oía su palabra. Pero Marta se preocupaba con muchos quehaceres, y acercándose, dijo: Señor, ¿no te da cuidado que mi hermana me deje servir sola? Dile, pues, que me ayude. Respondiendo Jesús, le dijo: Marta, Marta, afanada y turbada estás con muchas cosas. Pero sólo una cosa es necesaria; y María ha escogido la buena parte, la cual no le será quitada (Lucas 10:38-42).

Antes de proseguir, quizá sea necesario aclarar una o dos cosas. Necesito aclarar que el nombre de Marta no tiene ningún significado general, ni tampoco su género. La persona que sucumbe a tales distracciones que producen ansiedad podría llevar cualquier nombre … y puede ser hombre o mujer, joven o viejo, rico o en bancarrota.

También debo señalar que Marta no es nuestra única preocupación. Queremos mirar de cerca todo el relato y a todos los personajes que intervienen. Dios ha diseñado su creación con una misteriosa y maravillosa variedad de temperamentos y personalidades. Algunas personas son soñadoras y artísticas, mientras otros disfrutan al analizar procedimientos y gráficas; algunos viven para los detalles, otros insisten en el cuadro mayor. Esa es la idea.

John Trent y Gary Smalley usan cuatro animales para describir los diferentes temperamentos que la gente posee.[2]

1. Los *nutrias* son gente que les encanta divertirse y se llevan bien con todos. Siempre disfrutan de sí mismos y exudan una actitud despreocupada hacia casi toda situación. Mi esposa Cynthia me recuerda que yo soy un nutria. Ella dice que esta personalidad tiene sus beneficios, ¡pero que si yo estuviera a cargo del paseo campestre sólo habría globos! Los nutrias lo toman suave.

2. Los *leones*, en contraste, toman las riendas. En la fiesta se aseguran que todo el mundo tenga sombrero, un pedazo de pastel *y* una etiqueta con el nombre.

3. Los *perdigueros* son esos tipos amistosos y agradables que usted quiere de inmediato que estén con usted. La lealtad y compasión ocupan un lugar muy alto en la lista de prioridades de las personas tipo perdiguero.

4. Luego están los *castores*, siempre corriendo de un lado a otro, trabajando duro, metiendo las narices en todo y asegurándose de que se atienden todos los detalles. Llegan al borde de la obsesión en cuanto a minuciosidades. Son las personas orientadas a los detalles que marcan las faltas de ortografía en los boletines de las iglesias y corrigen la gramática de los predicadores.

Aunque pudiera parecer algo forzado, pienso que Marta era una mezcla: parte castor y parte león. Se alegró de ver a Jesús, con certeza, pero al hacerlo de inmediato se dio cuenta de que tenía un trabajo enorme entre manos. Había que preparar una comida, poner la mesa y hacer que los invitados se sientan cómodos. Eso exigía planificación seria y ejecución eficiente. Nadie puede culpar a Marta por diligente.

María, no obstante, se ubica entre el perdiguero y la nutria. Entendiendo la rareza del momento de simplemente estar en presencia de Jesús, María se sentó como perro faldero leal solazándose a la sombra de su Maestro. Ella no vio el día como un proyecto que emprender, sino como un íntimo momento para disfrutar. No hay nada de malo en cada temperamento, a menos que se lo lleve al extremo; y eso fue lo que Jesús confrontó en Marta.

El relato que nos da Lucas ofrece un elocuente estudio de contraste. Después de que Marta recibió a Jesús en la puerta (Lucas 10:38), ella debe haberse dirigido directamente a preparar la comida. Lo sabemos porque Lucas pasa rápidamente a describir lo que María hizo. Él escribe: "Esta tenía una hermana que se llamaba María, la cual, sentándose a los pies de Jesús, oía su palabra" (v. 39).

Cuando Jesús se presentó inesperadamente, María decidió aprovechar el momento, dejar todo y escuchar sus enseñanzas. Pero Marta "se preocupaba con muchos quehaceres" (v. 40). En otras palabras, María aprovechó la oportunidad, pero Marta, ansiosa y distraída, se la perdió. Quizá no podía evitarlo. Después de todo, probablemente era la mayor (Por años he dicho que los padres le deben una cosa a su hijo mayor: *¡una disculpa!* Toda su vida los hemos puesto en el molde de tener que tomar la iniciativa y hacerse cargo). No es sorpresa que Marta está actuando responsablemente. Desdichadamente, ella es tan responsable que deja todo lo demás fuera de enfoque.

Marta alcanza su punto de hervor y en un momento de exasperación exclama: "Señor, ¿no te da cuidado que mi hermana me deje servir sola? Dile, pues, que me ayude" (v. 40)

Me imagino que ella le dijo esas palabras a Jesús mientras miraba molesta y ceñuda a María, su hermana menor, con las manos en las caderas, el sudor corriéndole por la frente, posiblemente y posiblemente pisando fuerte en protesta. Los leones pisan fuerte con frecuencia.

La escena me recuerda las palabras que mi amiga Jeanne Hendricks escribió en su libro *A Woman for All Seasons* [Una mujer para todas las épocas]. En el capítulo que ella tituló "Relato de dos hermanas," Jeanne describe una escena similar en su propia cocina hace varios años.

La frustración es un problema muy real. Hace algunos años yo había organizado una cena del Día de Acción de Gracias en nuestra casita, que resultaba que tenía poco espacio en el mostrador de la cocina. El Señor Jesús y yo habíamos tenido muchas conversaciones acerca del hecho de que la casa era muy pequeña, pero Él siempre decía: "Espera," y yo estaba haciendo lo mejor que podía. Eso pensaba.

Poco antes de que llegara el momento de servir la comida, me fui a la calurosa cocina para verificar el pavo que estaba horneando. Al llevarlo en peso de un lugar a otro en un espacio demasiado estrecho para operar en forma eficiente, ¡se resbaló y se cayó al piso! Dos pensamientos relampaguearon en mi mente: (1) el piso está limpio, y (2) nadie está aquí. Lo recogí y lo puse en la bandeja, agradecida que nadie hubiera sido testigo de mi torpeza. De repente sentí una descarga de lástima de mí misma. Me recliné contra la pared y lágrimas de frustración aparecieron en mis ojos. En mi corazón dije: "Señor, ¡te lo dije! Ahora ¡mira lo que ha pasado!, ¡Tú tienes la culpa!"

Entonces escuché risas y conversaciones desde la sala y de súbito me sentí avergonzada ¿Qué pasaría si alguien entrara y me viera doblegándome con tal desilusión? Agarré periódicos para cubrir la mancha del piso y decidí que arreglaría cuentas con el Señor Jesús más tarde. Pienso que sé cómo se sentía Marta.[3]

Las excesivas preocupaciones de Marta por la preparación de una comida evitaron que ella se concentrara en Jesús. Debido a que la ansiedad le ganó la partida, ella se perdió un encuentro con el Salvador que tenía el potencial de cambiar su vida. El estrés que ella se impuso a sí misma ahogó su capacidad de disfrutar de las palabras de Cristo y experimentar el dulce beneficio de su presencia.

Me encanta cómo respondió el Señor Jesús. Gentilmente se dirige a ella: "Marta, Marta." Un Jesús bondadoso, lleno de gracia y calma, no le endilgó una estruendosa perorata, gesticulando con su dedo ante la cara de Marta. Él no abrió la Biblia de la familia para avergonzarla leyendo diez versículos en voz alta; nada de eso. Estoy convencido de que sintió compasión por Marta. A lo mejor le puso sobre los hombros sus fuertes brazos y le dijo al oído: "Afanada y turbada estás con muchas cosas. Pero sólo una cosa es necesaria; y María ha escogido la buena parte, la cual no le será quitada" (vv. 41-42).

Jesús se concentró en el problema de Marta. Ella había permitido que la ansiedad del momento nublara su actitud y le robara la alegría. Con frecuencia ese estado mental tergiversado aparece claramente en nuestros rostros fruncidos. Me pregunto si el lenguaje corporal de Marta delató su estrés interno.

María había escogido un camino mejor: el camino de la vida y la paz que se encuentra a los pies de Jesús. Ella podría recordar por el resto de su vida esas horas hermosas con su amado Salvador. Si Jesús no la hubiera regañado con amor, Marta sólo hubiera conocido frustración y remordimiento.

Ansiedad ... cercana y personal

Después años de estudiar los tiempos difíciles de la ansiedad (y dedicarle más tiempo del que quiero recordar), he sintetizado en cuatro principios prácticos lo que he aprendido acerca de su poder destructivo. A primera vista pueden parecer negativos, pero cuando se los abraza y se los pone en práctica, se convierten en poderosos antídotos contra el aguijón de la ansiedad. Voy a hacerlos fáciles de recordar al dárselos en matemática sencilla: suma, resta, multiplicación y división.

Nos preocupamos cuando sumamos *presiones innecesarias a un plato que ya está lleno.* Ese es el error más común que comete la gente ocupada. ¡La adición es lo que nos derrota! Nos preocupamos cuando nos añadimos la presión de nuestra imagen externa, cuando aceleramos el paso para mantenernos a la par de los vecinos, cuando intensificamos nuestra responsabilidad emocional en respuesta a las luchas de otro. Nos preocupamos cuando añadimos expectativas irrazonables de otras personas. Personalmente he luchado con esto a través de los años. Como pastor solía tratar de vivir de acuerdo a las expectativas de mucha gente. ¡Qué manera terrible de vivir o de ministrar!

La ansiedad se agazapa en esas cacareadas expectativas tan comunes en el ministerio de la iglesia local. Hay suficiente de nutria en mí como para querer complacer a todos y suficiente de perdiguero como para afanarme cuando no lo hago. No me gusta la crítica, pero la recibo. Tratar de llenar las expectativas de todo el mundo añade presiones innecesarias. Gracias a Dios, en los últimos diez años o algo así Él me ha ayudado a dejar eso a un lado. La preocupación por esas cosas me hacía enojarme conmigo mismo, enojarme con el pueblo de Dios, enojarme con el ministerio. Mediante el poder de su Palabra y la bondadosa ayuda del Espíritu Santo, Dios me ha librado de las aserradas fauces de la preocupación por complacer a la gente. Usted y yo nos preocupamos cuando le añadimos más cosas a un plato de preocupaciones que ya está lleno. La adición nos hace enojar.

Nos preocupamos cuando restamos *de nuestra crisis la presencia del Señor.* Nos preocupamos cuando nos olvidamos de la presencia y soberanía de Dios. Nos preocupamos cuando restamos de nuestros planes la ocasión determinada por Dios, cuando eliminamos la oración de nuestras rutinas diarias, cuando de nuestros tiempos difíciles restamos la perspectiva divina. La ansiedad nos derrota cuando restamos de nuestras débiles iniciativas el poder infinito de Dios.

El difunto Peter Marshall, renombrado capellán del Senado de los Estados Unidos de América, oraba: "Padre … refrena nuestro impulso de extendernos tan tenuemente que quedamos expuestos al temor y la duda, a la fatiga y la impaciencia que hace que nuestra paciencia se agote, que nos roba la paz mental, que hace grises los cielos cuando deberían ser azules, que sofoca una canción en los pasillos de nuestro corazón."[4]

El experimentado pastor entendió el peligro de dejar a Dios fuera de las ecuaciones más difíciles de la vida. La adversidad menos la presencia de Dios es igual a dudas y temor; todo el tiempo. Nuestras melodías quedan sofocadas en los pasillos de nuestros corazones. Restar nos lleva a la duda.

Cuando nos preocupamos multiplicamos *nuestros problemas al insertar prematuramente nuestras soluciones.* Cuando insertamos nuestras soluciones demasiado rápido, surgen las complicaciones; y luego nos preocupamos cuando nuestras llamadas soluciones fracasan. La ansiedad se apodera de nosotros cuando insistimos en encontrar una salida de los tramos difíciles de la vida, en lugar de tomar el camino de Dios para atravesarlos. También nos rendimos a la ansiedad cuando multiplicamos nuestros temores con imaginaciones descontroladas. Pensar siempre lo peor nos vuelve irracionales y temerosos, como niños escuchando ruidos en el armario o monstruos bajo la cama. Con frecuencia nuestra imaginación se desboca en los tiempos difíciles, y el miedo resultante puede ser paralizante. Multiplicar nos vuelve temerosos.

Nos preocupamos cuando dividimos *la vida entre lo secular y lo sagrado.* Dios no quiere que dividamos nuestras vidas en compartimientos. Él quiere que todo aspecto esté bajo su control. La confianza selectiva nos hace olvidar sus provisiones diarias. Mientras menos le permitamos ser parte de nuestra vida diaria, más nos llena la ansiedad. Qué fácil es decirnos que *esto* es parte de las preocupaciones de Dios, pero no *aquello*. ¡Mal hecho! Dividir la vida en categorías sagradas y seculares nos hace olvidarnos de la bondad de Dios. Dividir nos hace olvidadizos.

Antes de pasar al próximo capítulo no le hará daño hacer una pausa ahora mismo y reflexionar en su lista de preocupaciones. Eche un vistazo a los acontecimientos actuales de su vida. ¿Qué es lo que le llena de ansiedad? Superar esos temores de ansiedad no será tan fácil como simplemente sentarse en un culto en una iglesia o encontrar algún versículo bíblico mágico. Probablemente usted ya sabe eso. La verdad es que, sin que importe lo que esté enfrentando, el afán le hará más daño que bien.

La Versión Popular ha captado las palabras de Jesús en términos actuales. Por favor, lea lo siguiente lentamente y en voz alta. Permita que penetre suavemente y por completo.

Miren las aves que vuelan por el aire: no siembran ni cosechan ni guardan la cosecha en graneros; sin embargo, el Padre de ustedes que está en el cielo les da de comer. ¡Y ustedes valen más que las aves! En todo caso, por mucho que uno se preocupe, ¿cómo podrá prolongar su vida ni siquiera una hora?

"¿Y por qué se preocupan ustedes por la ropa? Fíjense cómo crecen los lirios del campo: no trabajan ni hilan. Sin embargo, les digo que ni siquiera el rey Salomón, con todo su lujo,m se vestía como uno de ellos. Pues si Dios viste así a la hierba, que hoy está en el campo y mañana se quema en el horno, ¡con mayor razón los vestirá a ustedes, gente falta de fe! Así que no se preocupen, preguntándose: '¿Qué vamos a comer?' o '¿Qué vamos a beber?' o '¿Con qué vamos a vestirnos?' Todas estas cosas son las que preocupan a los paganos, pero ustedes tienen un Padre celestial que ya sabe que las necesitan. Por lo tanto, pongan toda su atención en el reino de los cielos y en hacer lo que es justo ante Dios, y recibirán también todas estas cosas. No se preocupen por el día de mañana, porque mañana habrá tiempo para preocuparse. Cada día tiene bastante con sus propios problemas (Mateo 6:26-34, VP).

¿Preocupado por el mañana? ¿Estrangulado por ansiedades de las que no se puede desprender? ¿Se siente como Marta? Jesús le invita a que "mire a las aves, libres y sin cadenas," y note que ellas están "sin preocupaciones, y al cuidado de Dios." Sea sincero, ¿Piensa usted que Dios se preocupa más por usted que por carrizos, golondrinas y cuervos? Ni dudarlo.

Así que, tranquilícese. Deje toda esa ansiedad por el mañana … o la próxima semana … o el próximo mes. Dios se especializa en cuidarlo en los tiempos difíciles de la vida, no importa cuando vengan.

Cuatro

Cuando se atraviesa los tiempos difíciles de la vergüenza

CUANDO SE TRATA DE VERGÜENZA PÚBLICA pocos piensan en Jesús. Si se le pidiera que haga una lista de las veinte personas que piensa que merecen la vergüenza, probablemente no incluiría el nombre de Jesucristo. Ciertamente no estoy sugiriendo que Él mereciera la vergüenza, pero es fácil olvidarnos que Él la sufrió.

El inmaculado Hijo de Dios tomó sobre sí todos nuestros pecados cuando murió en la cruz; fue allí donde sufrió la vergüenza del mundo. Cada obra perversa de la humanidad Él la llevó sobre sí cuando sufrió y murió en nuestro lugar. El horror de Auschwitz, las maldades de Stalin, el Pol Pot y Saddam Hussein, las atrocidades de Ruanda, la masacre silenciosa de decenas de millones de niños abortados, la máxima profundidad de cada uno de nuestros pensamientos de pecado y la plena extensión de nuestras acciones irresponsables, todo eso se apiló sobre Cristo en la cruz. Su muerte personificó a la vergüenza.

Muchos de los que han visto y sentido la intensidad de la película *La pasión de Cristo*, de Mel Gibson, ahora tienen un nuevo aprecio de la profundidad de la vergüenza que Cristo sufrió por nosotros durante sus agonizantes horas finales en la tierra. Cuando todo eso se me hizo incluso más claro al ver la película, me hallé sollozando con la cabeza entre las manos.

En su libro *The Execution of Jesus* [La ejecución de Jesús], William Riley Wilson escribió: "No sólo era la cruz la más dolorosa de las muertes, sino que también se la consideraba la más degradante. Al condenado se le desnudaba totalmente y se le dejaba así a vista de todos en su agonía, y con frecuencia los romanos le negaban sepultura a la víctima, dejando su cuerpo colgando en la cruz hasta que se desintegraba. Se puede entender que, de acuerdo a la ley judía, cualquiera que era crucificado se consideraba maldito."[1]

Ser maldito es sufrir vergüenza. El monje Bernardo de Claraval, del siglo doce, lo describe así:

Oh, Cabeza sagrada, herida ahora,
por el dolor y la vergüenza doblegada,
ahora de burla rodeada,
con espinas como única corona;
cómo palideces de angustia,
con desprecio y doloroso ultraje,
cómo languidece ese rostro,
¡Que una vez brillaba como el sol![2]

Exploración y examen de la vergüenza pública

El viejo monje entendía que a menudo la agonía y la crueldad van conectadas con la vergüenza. La vergüenza corre más hondo que la culpa. Generalmente la culpa se queda como asunto privado. Aprendemos a guardar bien esas acusaciones internas, seguras fuera de la vista pública. Pero los tiempos difíciles de la vergüenza le siguen a uno como lista de antecedentes penales por dondequiera que uno vaya. La vergüenza le ata a uno al tortuoso pasado, poniendo todo en exhibición. La vergüenza privada: aquella que viene por años de ultraje físico o sexual, o el sufrimiento solitario que surge debido a discapacidades tales como algún impedimento en el habla, desórdenes de ansiedad o en la comida, una sentencia de cárcel o un tiempo recluido en una institución mental o clínica de rehabilitación, empuja a la víctima a los rincones, a las sombras de la sociedad. La vergüenza se convierte en una voz acusadora implacable que susurra: "¡No vales nada! ¡No significas nada para nadie! ¡Eres totalmente inservible! ¡Nunca lograrás nada! ¡Lo echaste todo a perder! ¡Estás acabado!"

La vergüenza penetra más profundo que el bochorno, hiere más que la desilusión. Sus cicatrices son horribles y a menudo permanentes. Siendo la forma más baja de aborrecerse uno mismo, la vergüenza ha empujado a muchos doblegados bajo su peso a retraerse en una forma de muertos en vida, que finalmente termina en el suicidio.

La vergüenza mantiene a una joven madre encadenada a su pasado emocionalmente traumático, lesionada y ultrajada sexualmente por su padre alcohólico.

La vergüenza persigue a una mujer de mediana edad que la gente espera "que siga adelante" con su vida después de los insensatos amoríos de su esposo, y el subsiguiente amargo divorcio.

La vergüenza ataca al adolescente perdido en un mundo de confusión y retraimiento porque no puede aprender con la misma rapidez que sus compañeros y competir con ellos.

La vergüenza impide que el niño nacido con una deformidad o discapacidad disfrute de la alegría de los recreos y excursiones escolares.

La vergüenza ataca al dirigente de la iglesia sorprendido en una relación ilícita con una de las que asisten a la iglesia y obligado a confesar públicamente su pecado.

Un hombre a quien ahora respeto y considero amigo mío experimentó la profundidad de esta intensa vergüenza. En un tiempo él fue un respetado pastor, con un buen matrimonio y una linda familia; pero hubo un giro sombrío en su historia. A la larga salió a la luz que estaba enredado sexualmente con una mujer que asistía a su iglesia. Descubierto, se paró frente a la iglesia y confesó su pecado y sintió la profundidad de la vergüenza pública.

Años más tarde, en una conversación que tuvimos acerca de ese período de su vida, él me dijo: "No creo que pueda hallar palabras para describir la vergüenza que mi familia y yo experimentamos. Descubrí que yo podía esquivar la culpa, pero no podía racionalizar la vergüenza. Mi esposa y yo todavía miramos atrás hacia ese día oscuro, llamándolo el "domingo negro." Junto con su esposa e hijos sintió lo que poca gente ha sentido: la dolorosa enajenación de la vergüenza pública. Todavía hoy las lágrimas afloran a la superficie cuando se menciona ese día oscuro.

Los tiempos difíciles de la vergüenza simplemente no se pueden hacer a un lado. Siempre queda una desgracia persistente que nos mantiene fuertemente en sus garras.

Pero la desesperanza insondable no tiene que ser nuestra herencia indefinidamente. Las cicatrices no tienen que ser permanentes. Cristo quiere venir a nuestro encuentro en esos oscuros rincones y levantarnos a la seguridad redimiendo nuestra dignidad y valía. Su gracia es mayor que nuestra vergüenza. ¡Donde abunda el pecado, sobreabunda la gracia! Él llega a ser para nosotros el que carga con nuestra vergüenza y camina a nuestro lado en esos días crueles y agonizantes cuando más solos y con más miedo nos sentimos. ¿Cómo puede hacer eso? Recuerde que Él ha estado ahí. Él ha sentido los dolores de la indignidad y humillación. De hecho, no hay límite para la profundidad de la vergüenza de la que nos puede sacar, porque no hay límite para la gracia que Él puede suplir.

Retroceda conmigo a una escena del primer siglo. Jesús encuentra a una mujer destrozada y humillada sorprendida en la más vergonzosa de las circunstancias. Se nos permite observar cómo Él la rescata de las poderosas mandíbulas dentadas de la vergüenza.

UNA ADÚLTERA Y SUS ACUSADORES

Una mujer cuyo nombre no se indica ocupa el escenario central en uno de los episodios más penetrantes de todo el Nuevo Testamento. Allí, en medio de su pecado, ella se encuentra con Jesús, el Salvador del mundo. Ella había dado por sentado que las cosas que había hecho en la oscuridad nunca saldrían a la luz; el suyo era un pecado secreto y vergonzoso. Entonces un día se encontró cara a cara con Jesús, el inmaculado Cordero de Dios, cuya penetrante mirada vio directamente su desgracia.

Tenemos una deuda con Juan, uno de los discípulos originales de Jesús, por incluir esta narración como parte del registro del ministerio de Cristo a la gente destrozada de Judá. Lea cuidadosamente mientras él describe esta inusitadamente delicada escena.

Y por la mañana volvió al templo, y todo el pueblo vino a él; y sentado él, les enseñaba. Entonces los escribas y los fariseos le trajeron una mujer sorprendida en adulterio; y poniéndola en medio, le dijeron: Maestro, esta mujer ha sido sorprendida en el acto mismo de adulterio. Y en la ley nos mandó Moisés apedrear a tales mujeres. Tú, pues, ¿qué dices? Mas esto decían tentándole, para poder acusarle. Pero Jesús, inclinado hacia el suelo, escribía en tierra con el dedo. Y como insistieran en preguntarle, se enderezó y les dijo: El que de vosotros esté sin pecado sea el primero en arrojar la piedra contra ella. E inclinándose de nuevo hacia el suelo, siguió escribiendo en tierra. Pero ellos, al oír esto, acusados por su conciencia, salían uno a uno, comenzando desde los más viejos hasta los postreros; y quedó solo Jesús, y la mujer que estaba en medio. Enderezándose Jesús, y no viendo a nadie sino a la mujer, le dijo: Mujer, ¿dónde están los que te acusaban? ¿Ninguno te condenó? Ella dijo: Ninguno, Señor. Entonces Jesús le dijo: Ni yo te condeno; vete, y no peques más (Juan 8:1-11).

Usted acaba de leer uno de los dramas más extraordinarios de toda la Biblia. Podemos nada más imaginarnos lo que habría sido ser un insecto en el muro del templo, observando el desarrollo de la escena.

Todo empezó una mañana temprano, cuando Jerusalén estaba todavía húmeda por el rocío. Largas sombras púrpuras caían entre las columnas del templo, las aves trinaban en las ramas bajas de los árboles. Varias personas se reunieron para lo que hoy llamaríamos un grupo pequeño de estudio bíblico, enseñado por Aquel que enseñaba como nadie podía hacerlo. Habían venido para oír las palabras del Maestro de Nazaret, que frisaba treinta y algo años. Era joven, pero su sabiduría sobrepasaba sus años. Ellos no tenían ni la menor idea de lo que oirían de Él esa mañana. Una multitud se había reunido en los atrios del templo para oír a Jesús, y sin duda muchos de ellos habían pasado la noche sobre el frío suelo para asegurarse de que podrían sentarse más cerca. Según el estilo rabínico, Jesús se sentó entre ellos cuando comenzó a enseñar.

De pronto un escuadrón de escribas y fariseos con caras adustas interrumpieron a Jesús, arrastrando a una mujer en condición calamitosa por el empedrado y hasta el gran salón. La gente debe haber contenido un gesto de estupor e incredulidad por el espectáculo. Jesús se puso de pies para enfrentarse al escuadrón legalista de clérigos santurrones y a la humillada prisionera que arrastraban. Ellos eran los legalistas asesinos de la gracia en Israel, vestidos y acicalados para otro día de trabajo juzgando y criticando a otros. Habían venido para hacer un ejemplo público de alguien que no pertenecía a su medio. No era un hombre, sino una mujer; y tampoco se trataba de cualquier mujer ... sino una dama de la noche que había sido sorprendida en la cama con un hombre que no era su esposo. En realidad la habían sorprendido en el mismo acto.

La mujer, cuyo nombre nunca menciona ni Juan ni nadie más en el relato, debe haber estado temblando como perro maltratado, amordazada por el terror; con su cabeza agachada, su pelo desarreglado, y su ropa destrozada. La vergüenza se dibujaba en su cara. Sus acusadores planeaban usarla para ponerle una trampa a Jesús. Lo aborrecían a Él y sus enseñanzas, y especialmente su creciente popularidad; pero más que nada aborrecían su gracia. Lo que se proponían era matarlo, a como diera lugar. Lo que estaban haciendo esa mañana era parte de un diabólico plan para librarse ellos mismos y la tierra del amenazante profeta de Nazaret.

Abruptamente los líderes religiosos se dirigieron a Jesús: "Maestro, esta mujer ha sido sorprendida en el acto mismo de adulterio. Y en la ley nos mandó Moisés apedrear a tales mujeres. Tú, pues, ¿qué dices?" Interesantemente, ellos invocaron el nombre de Moisés antes de presentar la acusación.

Esto era parte de la trampa. Habían arrastrado a la pobre mujer ante a Jesús y una multitud de gente perpleja, aduciendo la autoridad de Moisés; y entonces preguntaron con sorna: "¿Tú, pues, ¿qué dices?" El escritor británico William Barclay dice:

> Los escribas y fariseos andaban buscando alguna acusación con la que pudieran desacreditar a Jesús, y aquí ellos pensaron que lo tenían irremediablemente atrapado en los cuernos de un dilema. Cuando surgía una pregunta legal difícil, lo natural y rutinario era acudir a un rabino para que tomara la decisión; así que los escribas y fariseos se acercaron a Jesús como Rabí.[3]

La Mishná, manual judío de tradiciones religiosas, no escatimaba palabras. Estipulaba que al hombre que se le sorprendía en adulterio se le debía estrangular y enterrar hasta las rodillas en estiércol, con una toalla alrededor del cuello para que la soga no le lastime la piel. A la mujer sorprendida en el acto de adulterio se la debía apedrear públicamente. Moisés había escrito en la ley que si el acto ocurría en una ciudad, tanto el hombre como la mujer debían ser apedreados. ¿Era culpable esta mujer en particular? Ni dudarlo. Se nos dice que ellos la habían sorprendido en el mismo acto sexual. La palabra griega que se traduce como "sorprendida" literalmente significa "atrapada" o "vencida," lo que sugiere que los mismos acusadores la hallaron en el mismo acto del adulterio y la capturaron cuando todavía estaba en la cama con su compañero. Pero ¿qué había pasado con el hombre? ¿Se había escapado? Es improbable, porque los dirigentes religiosos lo hubieran alcanzado fácilmente. Mis sospechas me llevan a pensar que el hombre era uno de los conspiradores (¡quizá uno de ellos!), que se había brindado de antemano a la morbosa aventura sexual. Una conspiración no está fuera de duda, conociendo la maldad del corazón de los acusadores. La mujer temblando y desarreglada, humillada frente al grupo de estudio bíblico matutino, no era más que la mitad de una pequeña pieza de carnada para una presa más grande. Ellos tenían a Jesús en la mira, y ni la mujer ni el futuro de ella les importaba lo más mínimo. En ese momento ella no significaba nada para ellos, o para nadie más, a propósito; para nadie, excepto Jesús.

El imperturbable joven Maestro se quedó en silencio y mirando, estudiando toda la escena. Hallo impresionante que Jesús con frecuencia dijo más con su silencio que con sus palabras. Hay sabiduría en permanecer callados en momentos tan cruciales cuando las acusaciones vuelan y los temperamentos arden. Pero Jesús conocía el corazón de estos hombres; Él podía leer sus motivos como en un libro abierto. Él percibió su intención deliberada de atraparlo desprevenido y entramparlo con sus propias palabras.

Considere rápidamente las alternativas. Si Jesús hubiera concordado de inmediato con el apedreamiento, lo hubieran acusado de hipocresía. Un hombre que había estado enseñando la importancia de la compasión y el perdón no permitiría una pena tan cruel. Además, si Jesús lo hubiera permitido podrían acusarlo de traición; puesto que sólo un funcionario oficial romano podía determinar el veredicto de muerte de un individuo. Jesús no tenía autoridad legal para hacer que la apedreen.

Por otro lado, si Él hubiera simplemente exigido que la perdonen y la dejen en libertad, habrían caído al instante sobre él por condonar el pecado e ignorar la ley mosaica.

Sin escoger ninguna de esas alternativas, según la narración de Juan: "Jesús, inclinado hacia el suelo, escribía en tierra con el dedo." Esta es la única ocasión en toda la Biblia en que se nos dice que Jesús escribió algo; pero ¿qué fue lo que escribió? Algunos piensan que Jesús sólo garabateó en el polvo mientras organizaba sus pensamientos; sin embargo la palabra griega que se traduce "escribió" sugiere algo más.

Yo pienso que Juan fue testigo presencial. Escribiendo a finales del primer siglo, anotó que Jesús *escribió* en la arena. El término griego que Juan usa, y que se traduce como "escribió," es *katagrafo*. La última parte de esa palabra, *grafo*, es el verbo "escribir." El prefijo *kata* puede significar "contra." En otras palabras, lo que estoy diciendo es que Juan quería mostrar que Jesús escribió algo en la arena que pudo ser incriminante para los dirigentes religiosos. Tal vez Jesús en realidad escribió algo "contra" ellos. ¿Podría ser que Jesús se inclinó y empezó a escribir los pecados de los acusadores de la mujer en letras lo suficientemente grandes como para que ellos y los demás pudieran leerlas? Haga un alto e imagínese la escena, mientras cada acusador leía sus propios pecados escritos en la arena. No podemos decir con certeza que eso fue lo que ocurrió, pero si así hubiera sucedido, ¿se imagina la sorpresa de ellos?

¿QUIÉN O QUÉ LO CONDENA?

El silencio fue roto por las palabras de Jesús. Aunque subsiste cierta ambigüedad sobre qué fue exactamente lo que escribió en la arena, no hay duda en cuanto al significado de lo que dijo. Mientras los escribas y fariseos fruncían el ceño y observaban, Juan nos dice que Jesús se puso de pie y les dijo: "El que de vosotros esté sin pecado sea el primero en arrojar la piedra contra ella" (v. 7). ¡Hablando de consternación! Esa respuesta incisiva los golpeó como puñetazo en la cara.

En verdad, el texto literalmente dice: "El impecable de ustedes, primero, contra ella, lance la primera piedra." Esto carece de fluidez en español, pero en griego indica una frase enfática. En una cuantas palabras Jesús dijo: "¡El primero a quien invito a lanzar la piedra es el que no tenga pecado! Asegúrense de no tener pecados en su contra, y entonces reúnen los requisitos para avergonzar, presentar acusación, y dar la muerte a esta mujer. Sólo asegúrense de que su corazón esté puro y sin pecado."

Un incómodo y doloroso silencio siguió a la punzante respuesta de Cristo; un vacío silencioso se cirnió sobre la jauría de los perros callejeros que ladraban. ¡Qué momento!

Peter Marshall capta la escena muy vívidamente:

> Mirando a sus caras, Cristo mira en el ayer que yace muy hondo en los estanques de la memoria y la consciencia. Él ve dentro de sus mismos corazones, y el dedo que se mueve escribe:
> Idólatra ...
> Mentiroso ...
> Borracho ...

Asesino …

Adúltero …

Se escuchan los golpes secos de piedras que caen una a una sobre el empedrado. No quedan muchos de los fariseos. Uno a uno se escurren alejándose, como animales, escondiéndose en las sombras … mezclándose en las calles congestionadas para perderse entre la multitud.[4]

¿Puede imaginárselo? ¿Puede escuchar los ruidos sordos de las piedras golpeando contra el empedrado? ¿Puede sentir la humillación de los que se alejaron? El apóstol Juan escribe: "Pero ellos, al oír esto, acusados por su conciencia, salían uno a uno, comenzando desde los más viejos hasta los postreros; y quedó solo Jesús, y la mujer que estaba en medio" (v. 9).

¿No le habría gustado ser parte de la clase esa mañana? Después de despedir a los acusadores, Jesús miró directamente a los ojos de una mujer llena de vergüenza, que había sido expuesta abiertamente y condenada por sus acusadores. Y como si eso no fuera suficiente, allí estaba ella frente al justo Juez del universo, culpable de adulterio, habiendo quebrantado la santa ley de Dios. Al encontrar ella la mirada del Salvador inmaculado, tenemos que darnos cuenta de que en toda la historia no se había visto un contraste de carácter más extraordinario y contundente: una mujer … un hombre; una pecadora … el inmaculado de Dios; la avergonzada adúltera … el Santo del cielo. ¡Imagíneselo! Nunca habían estado tan cerca dos personas tan diferentes.

Eso es lo que hace tan profunda la conversación final entre ellos. Aquí es donde la gracia eclipsa la vergüenza.

"Enderezándose Jesús, y no viendo a nadie sino a la mujer, le dijo: Mujer, ¿dónde están los que te acusaban? ¿Ninguno te condenó? Ella dijo: Ninguno, Señor. Entonces Jesús le dijo: Ni yo te condeno; vete, y no peques más" (vv. 10-11).

La única persona en la tierra que reunía los requisitos para condenar a la mujer se negó a hacerlo; y en lugar de ello, Él la libertó. ¿Será posible que por primera vez en la vida ella dejó también de condenarse a sí misma? Eso es lo que Jesús hace por nosotros en la violenta ráfaga de la vergüenza: Él nos libera de la condenación propia al darnos libertad. ¡Libres al fin!

A todos los doblegados por la vergüenza

Hay momentos en que quisiera poder agitar una varita mágica sobre los doblegados por el peso de la vergüenza y decir: ¡Vergüenza, desaparece! Pero esto no funciona así. Sin embargo, lo que Jesús hizo por esta mujer destrozada esa mañana hace tantos siglos, quiere hacer también por usted. Esto no pasa instantáneamente, pero si se le da la oportunidad de entrar y dar alivio (como Él lo hizo con esa mujer esa mañana), ¡Jesús puede significar una profunda diferencia!

Dos pensamientos permanecen al concluir este capítulo sobre cómo superar los tiempos difíciles de la vergüenza. Hay dos declaraciones sencillas que espero le ayuden en su lucha por dejar atrás recuerdos dolorosos y pensamientos vergonzosos.

Primero, los menos indicados para condenarle, le condenarán. Cuente con ello. Los que tienen corazones más pesados que las piedras que llevan en las manos serán los primeros en lanzarlas. Manténgase alejado de los fariseos modernos, que pocas cosas aman más que sacar a la luz su pecado y restregárselo en la nariz. Asegúrese de mantener distancia suficiente entre usted y los que le lanzan piedras santurronas.

Segundo, el que más derecho tiene de juzgarlo a usted, no lo hará. También puede contar con esto, Manténgase cerca de Él, porque manteniéndose cerca de Él usted descubrirá que puede recuperarse más rápido. Acérquese y confiésele su pecado al que tiene el derecho para juzgar, pero no lo hace; y como la mujer usted podrá seguir adelante con su vida, disfrutando de una nueva libertad y propósito para vivir.

En el libro *Pilgrim's Progress (El progreso del peregrino),* de John Bunyan, el joven Cristiano avanza por un camino llevando a sus espaldas una pesada carga. La carga es el pecado, todo su vergonzoso pasado. El peso está atado a él con cuerdas fuertes y apretadas; y él no puede hallar ningún alivio. La vergüenza y la desgracia junto con la condenación propia lo doblegan. Finalmente llega a la Puerta Estrecha; la abre y sigue un camino angosto que lleva al precipicio. Allí se encuentra con Jesucristo, el Único capaz de condenarlo, sin embargo Él no lo hace. Cristiano contempla a través del vasto abismo y ve a la distancia una cruz desolada, y cerca una tumba vacía. Mientras mira y medita acerca de la cruz y la tumba, la carga que estaba fuertemente atada comienza a aflojarse. Una canción de libertad llena su agradecido corazón:

Hasta aquí he llegado cargado con mi pecado;
no podía aliviar la aflicción en que me hallaba
hasta que llegué aquí: ¡Qué lugar es este!
¿Debe ser aquí donde comienza mi bendición?
¿Debe ser aquí donde cae de mi espalda la carga?
¿Debe ser aquí que se rompen las cuerdas que me atan?
¡Bendita cruz! ¡Bendito sepulcro! ¡Más bien sea bendito
el Hombre que fue puesto en vergüenza por mí![5]

¿Qué se requiere para llevarlo a un momento definidor como ese? ¿Estoy tomando a la ligera su pecado? Ni por un momento. Su pecado y el mío clavaron a Jesús en esa cruz, hasta separar al Hijo de Dios de la comunión íntima con el Padre. Nuestro fracaso y vergüenza hundieron los clavos en sus manos y pies. Su vergüenza y la mía le costaron la vida a Jesús. Aun así la Biblia proclama: "Al que no conoció pecado, por nosotros lo hizo pecado, para que nosotros fuésemos hechos justicia de Dios en él" (2 Corintios 5:21).

En otras palabras ¡Él tomó nuestro lugar en esa *bendita cruz*! ¡En ese *bendito sepulcro*! Seamos francos, hay y habrá momentos en nuestras vidas en que seremos "sorprendidos en el acto mismo"; tal vez no sea adulterio, pero será otra cosa. De cualquier forma es pecado. Pero debido a Jesús no tenemos que vivir una vida de condenación propia y vergüenza debilitante. Las palabras del Salvador en los tiempos difíciles de la vergüenza son las mismas ahora como lo fueron en ese entonces: "Ni yo te condeno; vete, y no peques más." Eso significa que usted es libre.

Si al leer esto usted está sintiendo el peso de su pasado vergonzoso o los obstinados caminos de pecado, le invito a venir al Salvador. Él es el Único perfectamente capaz para juzgarlo y condenarlo; pero por lo que su muerte logró, Él está listo para perdonarle y hacerlo libre. La invitación que Cristo le extiende a la libertad requiere de una respuesta de parte suya; no es algo automático. Ser liberado de los grillos de la vergüenza requiere que usted acuda al precipicio de la cruz y reconozca su necesidad de Jesús. Él estará ahí para limpiarle y restaurarle por completo:

> Vengan a mí todos ustedes que están cansados de sus trabajos y cargas, y yo los haré descansar. Acepten el yugo que les pongo, y aprendan de mí, que soy paciente y de corazón humilde; así encontrarán descanso. Porque el yugo que les pongo y la carga que les doy a llevar son ligeros (Mateo 11:28-30, VP).

El "paso no forzado de la gracia" le liberará verdadera y completamente. Así que, ¿qué espera?

Cinco

Cuando se atraviesa los tiempos difíciles de la duda

E<small>L TEMA DE LA DUDA DESPIERTA UNA AMPLIA VARIEDAD DE</small>
OPINIONES. Para unos pocos la duda representa incredulidad, la
peor clase de blasfemia. Para otros, la duda expone más el lado
crudo de la franqueza, esa parte de uno que nunca se ve sino
cuando lo someten a prueba profundamente las preguntas más
penetrantes de la vida. Se reduce a esto: ¿podemos tener dudas
persistentes y seguir siendo un individuo de fe? Personas fuertes y
capaces en ambos lados del asunto, discrepan.

Martín Lutero, el gran reformador, no concedía ningún lugar
en su teología para la duda. Pocas cosas clasificó con un tono más
fuerte que lo que él mismo identificó como el "monstruo de la
incertidumbre," el "evangelio de la desesperanza."[1] Pero Alfred
Lord Tennyson, por otro lado, escribió: "Hay más fe viva en la
duda sincera, créame, que en la mitad de los credos."[2]

A través de los siglos la iglesia cristiana ha tenido representantes en ambos lados. Por una parte, siempre hemos tenido personas como Jonathan Edwards, George Whitefield, Dwight L. Moody, cuyos fuertes púlpitos han resonado con tanta seguridad que uno se pregunta leyendo sus sermones si alguna vez abrigaron alguna duda. Por otra parte, Dios le ha dado a su iglesia personas como C. S. Lewis, Flannery O'Connor, Blas Pascal y más recientemente Philip Yancey, que nos han animado a cuestionar.

¿Es posible que la fe y la duda coexistan? Un padre desesperado del Nuevo testamento contestaría a esa pregunta con un resonante "¡Sí!" Es el padre del muchacho endemoniado, que en su angustia acudió a Jesús para que le ayude. La suya había sido una larga y oscura noche intentando todo remedio imaginable para la horrible y tortuosa demencia de su hijo. Nada sirvió. La escena que el Evangelio de Marcos incluye capta, como pocas otras en la Biblia, el conflicto muy real entre la esperanza y la desesperanza.

Y se lo trajeron; y cuando el espíritu vio a Jesús, sacudió con violencia al muchacho, quien cayendo en tierra se revolcaba, echando espumarajos. Jesús preguntó al padre: ¿Cuánto tiempo hace que le sucede esto? Y él dijo: Desde niño. Y muchas veces le echa en el fuego y en el agua, para matarle; pero si puedes hacer algo, ten misericordia de nosotros, y ayúdanos. Jesús le dijo: Si puedes creer, al que cree todo le es posible. E inmediatamente el padre del muchacho clamó y dijo: Creo; ayuda mi incredulidad (Marcos 9:20-24).

Cuando surge la duda

El angustiado padre que contemplaba a su hijo revolcarse en el suelo como animal rabioso luchó en los tiempos difíciles de la duda para reunir fe suficiente como para creer, y tuvo el atrevimiento suficiente para reconocerla al pedirle a Jesús ayuda para superarla. Me alegro mucho que Dios haya decidido incluir en la Biblia este sincero diálogo, ¿y usted también se alegra?

A lo mejor usted se halla ocupando un lugar en las filas de los dudosos de este mundo. Si es así, este capítulo se escribe especialmente pensado en usted. Para exacerbar las cosas, usted tal vez viva entre personas que jamás han puesto en tela de duda su fe. La piedad de ellos le hace sentirse aislado, hasta un poco extraño ... fuera de lugar. Quizá sus dudas le han sumido en las profundidades de la desesperanza. Usted también ha clamado: "Creo; ayuda mi incredulidad."

En su libro *The Myth of Certainty* [El mito de la certeza], Daniel Taylor decidió no escoger el término "cristianos que dudan." Se refiere a los dudosos entre nosotros como "cristianos que reflexionan." Francamente, eso me sirve. No hay mucha dignidad en la duda, pero hay un toque de dignidad en la reflexión. Taylor ofrece una variedad de preguntas que representan las luchas comunes de un cristiano que reflexiona. Los siguientes son algunos ejemplos:

- ¿Hay momentos en los que le parece perfectamente natural e incuestionable que Dios existe y se preocupa por el mundo, y al siguiente minuto este pensamiento le parece desusadamente ingenuo?
- ¿Alguna vez se ha sentido con deseos de salir del culto de alguna iglesia porque le parece artificial y vacío?
- Alguien en su trabajo le dice: "Los cristianos archivan sus cerebros en la puerta de la iglesia cada domingo, y muchos de ellos ni se molestan en recogerlos a la salida." ¿Objeta usted a esa afirmación o está de acuerdo?
- ¿Cuánta confianza tiene usted de que conoce los deseos de Dios en lo que se refiere a asuntos políticos, sociales o morales específicos que enfrenta nuestra sociedad?[3]

De acuerdo a Daniel Taylor, la persona no reflexiva pregunta: "¿Qué puede ser peor que las preguntas sin respuesta?" Para ella, la persona que reflexiona considerará como su lucha las *respuestas no cuestionadas*. El cristiano que reflexiona es el que piensa profundamente, cuestionando con frecuencia. Cuando dudamos, nuestra mente está trabajando.

Taylor continúa explicando:

Hay una larga tradición de gente de fe que ha valorado y participado en la vida de la mente y que han utilizado la inteligencia e imaginación que Dios les ha dado para beneficio de la sociedad en que han vivido. Esos creyentes han intervenido profundamente en sus culturas, en ocasiones como moldeadores, en ocasiones como críticos, pero siempre como gente que pensaba que el quehacer humano tenía valor.

Pero también hay un aspecto más inquietante que ser una persona que reflexiona. Pensar, como muchos han descubierto, puede ser peligroso. Puede meternos en problemas: con otros, y también con nosotros mismos. Y subsiste en los círculos religiosos la sospecha de que esto también puede, si no tenemos cuidado, meternos en problemas con Dios.[4]

¿Cuándo tienen lugar esos momentos en que permito que mi intelecto rete mis creencias? ¿Cuándo cuestiono? ¿Cuándo reflexiono? Y cándidamente, ¿cuándo dudo? Probablemente, sucede en las mismas encrucijadas de duda y fe comunes a la mayoría de nosotros: cuando nos encontramos con una inesperada y súbita calamidad, cuando esperamos un resultado específico y ocurre exactamente lo contrario, cuando perdemos un valioso colaborador o compañero de trabajo, o cuando nuestro mejor amigo se muda a otro estado o país; cuando vivimos rectamente y sufrimos calamitosamente por ello, cuando tomamos una clase en nuestros estudios cuyo contenido tiene más sentido que las creencias de nuestra iglesia. ¡Ay!

Cuando la vida nos lleva por giros inesperados, y curvas trágicas, a menudo nos abruman los tiempos difíciles de la duda.

Felizmente la Biblia no nos deja abandonados a nuestros interrogantes. Un relato familiar del Evangelio de Juan nos muestra que la respuesta a mucho de nuestra duda es una Persona, Su nombre es Jesús y, como lo hizo con uno de sus discípulos que luchaba, Él nos ayuda en nuestra incredulidad ... transformando esas preguntas persistentes en una fe más estable.

Un Tomás que reflexiona

¿Recuerdan a Tomás el dudoso? Por supuesto que sí ¡Hablando de una mala ocasión que se sembró! Mi compasión para el pobre hombre. Sin embargo, prefiero pensar de él, gracias al análisis de Daniel Taylor, como *Tomás el que reflexiona*. Él es el discípulo sincero que no archivó su cerebro a la puerta de la sinagoga. Tuvo fe en sus dudas cuando sus preguntas no fueron contestadas. Tuvo la osadía de cuestionar a la multitud, de levantar su mano y exigir respuestas que tuvieran mejor sentido. Yo llamo a esa clase de sinceridad no sólo reconfortante sino valiente. Me gustaría ver las filas del cristianismo llenas de esos valerosos creyentes dispuestos a declarar abiertamente las luchas que tienen, a llorar cuando están sufriendo, y admitir sus dudas en lugar de negarlas.

A la sombra de una muerte segura

Juan 11 nos retrata una cruda expresión de duda en medio de los tiempos difíciles de la vida. Aquí encontramos a nuestro hombre

Tomás, con su mente trabajando y otra vez con su fe contra las cuerdas.

Dos días después de oír de la muerte de Lázaro, Jesús les anunció a sus discípulos que iba a Judea, donde ciertamente Lázaro sería sepultado. Los discípulos sabían del peligro de regresar. Jesús era el enemigo público número uno, estaba en la lista de los más buscados de Judea. Para complicar las cosas, los dirigentes religiosos ya habían lanzado serias amenazas contra su vida.

No sorprende que los doce trataran de disuadir a Jesús a fin de que altere su itinerario y no se meta en la boca del lobo. "Rabí, ahora procuraban los judíos apedrearte, ¿y otra vez vas allá?" (Juan 11:8).

Yo no puedo hablar por usted, pero para mí esta respuesta tiene mucho sentido.

Sin dejarse persuadir por ellos Jesús insistió en volver a Judea diciendo: "Lázaro ha muerto; y me alegro por vosotros, de no haber estado allí, para que creáis; mas vamos a él" (vv. 14-15). Es en este punto que algo notable ocurre. Tomás el que reflexiona, el hombre al que persiguen las dudas, habló. Juan escribe: "Dijo entonces Tomás, … a sus condiscípulos: Vamos también nosotros, para que muramos con él" (v. 16).

Sin duda que un escalofrío recorrió la espalda de Tomás cuando oyó a Jesús hablar de regresar a Betania; pero ese escalofrío se transformó rápidamente en temple de acero. Él sabía del peligro y evidentemente se resignó a la irreversible decisión de seguir a Jesús cueste lo que cueste … decisión que a la larga le costaría la vida.

Pero la duda persiste en las palabras de Tomás. Merrill Tenney, erudito del Nuevo Testamento, escribe: "Su fe era valiente mas no triunfante. Se resignó a la posibilidad del martirio como cosa de obligación, pero no albergaba el concepto de una victoria sobre la muerte y todos sus poderes. La fe aun no había pasado de la resolución a entendimiento."[5]

Todo lo que Tomás podía visualizar en la ida a Betania era una muerte segura. A esto yo lo llamo realidad. Pero él no conocía a nadie mejor con quien morir que su Maestro y los demás discípulos. A eso yo llamo lealtad.

Frente a un futuro incierto

Juan 14 nos muestra que Tomás tenía también sus dudas en cuanto al futuro. Habían venido a Jerusalén, y fue allí que Jesús se vio bajo la sombra cada vez más oscura de la cruz. Jesús se retiró a un segundo piso de una casa en la atestada ciudad, en donde Él y sus discípulos se reunirían para su última cena. Jesús les había dado ya la noticia de que su muerte estaba cerca. La separación era segura. Mientras Él paseaba su mirada por los presentes observando sus reacciones, Él leyó miedo y dudas en sus ojos. Fue entonces cuando habló lo que quizá sean las palabras más tiernas mientras trataba de calmar la ansiedad de sus mentes y fortalecer su endeble decisión.

> No se turbe vuestro corazón; creéis en Dios, creed también en mí. En la casa de mi Padre muchas moradas hay; si así no fuera, yo os lo hubiera dicho; voy, pues, a preparar lugar para vosotros. Y si me fuere y os preparare lugar, vendré otra vez, y os tomaré a mí mismo, para que donde yo estoy, vosotros también estéis. Y sabéis a dónde voy, y sabéis el camino (Juan 14:1-4).

Jesús casi ni había terminado sus palabras cuando Tomás expresó abruptamente: "Señor, no sabemos a dónde vas; ¿cómo, pues, podemos saber el camino?" (v. 5). ¡Me encanta su franqueza sin cortapisas! Los demás estaban pensando lo mismo, pero sólo Tomás tuvo la osadía de decirlo. No estaba discutiendo, ni tampoco trataba de impedir el plan; estaba planteando la verdad. No tenía ni la menor idea de a dónde se iba Jesús, así que cuestionó el comentario de Jesús: "y sabéis el camino." La verdad es él no lo sabía, ni tampoco ninguno de ellos; y por eso preguntó: "¿cómo, pues, podemos saber el camino?"

"Jesús le dijo: Yo soy el camino, y la verdad, y la vida; nadie viene al Padre, sino por mí. Si me conocieseis, también a mi Padre conoceríais; y desde ahora le conocéis, y le habéis visto" (vv. 6-7).

Ahora piense bien en esto. Si Tomás no hubiera expresado sus dudas en forma de pregunta, es posible que Jesús nunca hubiera pronunciado esas extraordinarias palabras … palabras, que en verdad, desde ese día han traído esperanza y consuelo al mundo. Así que, buena pregunta, Tomás; felicitaciones.

En los tiempos difíciles de la duda Tomás estuvo dispuesto a decir: "Jesús: No tengo esta teología resuelta de manera clara en mi mente. No comprendo. Hay algo acerca de este tema del cielo que no he podido entretejer en mis pensamientos." Sin el menor indicio de regaño, Jesús con gracia trabajó con Tomás y respetó sus dudas. Él entendía su confusión, su temor, su aflicción.

A decir verdad, el corazón de Tomás se había partido, sus sueños se habían destrozado, y sus esperanzas se habían perdido. Sus planes de tener parte en el triunfante reino terrenal quedaron trastornados por una sencilla declaración de propósito. Poco después de esta franca conversación entre Jesús y sus discípulos, Tomás contempló a Jesús desde buena distancia sufrir una violenta y torturante muerte. Vio la sangre salpicar la calle. Vio los gruesos clavos de hierro desaparecer profundamente en las manos y pies de Cristo. Su cara se contrajo cuando la espada perforó su costado. De pronto todo se había acabado. Con eso, Tomás el que reflexiona se ausentó, perdiéndose en las sombras de ese día confuso y deprimente en Jerusalén ... que dejó al hombre devastado. Se fue.

Antes de avanzar más necesito reconocer que la gente que reflexiona generalmente sufre sola. Gente como Tomás se inclina a tiempos de soledad y reclusión (yo lo sé ... soy uno de ellos).

Incluso los que están más cerca a mí rara vez sabe de esos asuntos con los que lucho intensamente. Tal vez no les corresponda eso; pero las luchas están allí. Ahora bien, no me malentienda: yo no dudo de mi fe en el Señor Jesús. Por cierto que no dudo de que su sangre pagó el precio completo de mis pecados, y que resucitó de la tumba. Pero, como Tomás, tengo preguntas. Muchas. Mi libro de aprendizaje aún no ha sido sellado y despachado. Mis pensamientos todavía están en las prensas y éstas están funcionando. La tinta aún no se seca en mi diario de preguntas. Confieso que no es raro que en alguna semana dada luche con cosas profundas que me hacen batallar internamente y me hacen preguntar.

Cuando mi padre falleció a los ochenta y siete años, él había vivido con nosotros por cuatro años antes de nos veamos en la necesidad de llevarlo a un asilo especial excelente y limpio, en donde él vivió un poco más. En sus días finales en el hospital mi hermana y yo lo cuidamos y atendimos. Yo me afligía en silencio. Sin embargo cuando se trataba de mis responsabilidades como pastor de una iglesia dinámica y creciente, era como si alguien oprimiera un interruptor para encenderme y yo continuaba desempeñando mis responsabilidades.

Prediqué en el funeral de mi padre a un grupo pequeño de amigos y familiares. Hablé sobria y apropiadamente de las promesas de Dios y de la esperanza que tenemos más allá de la tumba. Sepulté el cuerpo frágil, con gracia y aplomo, como lo hacen todos los buenos ministros. Nunca perdí la compostura. Había hecho esa tarea cientos de veces en mis muchos años de ministerio. Podría hacerlo con los ojos cerrados … pero siempre con ternura y compasión.

Mi hermana Luci y yo regresamos por avión a casa. En un momento de quietud ella me preguntó: "Hermanito: ¿crees todo lo que dijiste hoy?" Eso me hizo pensar … profundamente.

"No," le dije casi suspirando. "Hay cosas respecto a las cuales el jurado de mi mente todavía está deliberando."

"Esa no es la pregunta," me dijo ella suavemente. "Yo sé que tú crees mucho de eso. Yo sólo quiero saber si verdaderamente crees *cada cosa*. Porque si es así, somos muy diferentes."

Yo le dije: "No. Hay cosas que realmente encuentro muy difícil de creer y entender; simplemente no puedo encajarlo todo en mi mente y en mi corazón." Ella pensó por un instante, y luego puso cariñosamente su mano sobre la mía y con lágrimas en sus ojos me contestó: "Eso está bien, hermanito; está bien." Quizá suavizado por su tierna expresión de amor y franqueza, miré a las nubes por la ventana mientras las lágrimas comenzaron a correr por mi padre y por haberlo perdido.

Temo que demasiados creyentes piensan que han captado el mensaje del cristianismo y lo han colocado en una caja rotulada por encima: "No pregunte. No diga." En los lados dice: "No hay lugar para dudas y preguntas."

¿Debe alguien en su familia darle permiso para que llore cuando pierde un ser querido? y quiero decir, afligirse en serio. ¿Siente usted la libertad de admitir: "Simplemente no estoy seguro"? ¿Hay lugar para usted debido a que todavía está pensando y con preguntas? La cuestión de fondo es: ¿Está bien tener dudas? ¡Está bien! De hecho, ¡es necesario! Debe hacerlo o si no, no crecerá. Terminará aprendiendo las respuestas de otra persona, y en muchos casos serán inadecuadas para sus preguntas … si usted es lo suficientemente sincero como para hacerlas.

Yo hallo conclusiones rígidas principalmente en los que no han sufrido mucho. Por lo general son personas que se han vuelto inflexibles, rígidas y se han aislado del mundo real. Se cierran, y no desean ser vulnerables. De repente llega un divorcio, o alguien muere en circunstancias trágicas, o pierden su trabajo. La realidad golpea, la tormenta ruge y amenaza lo que antes fue su tranquila existencia. La explosión emocional resulta en más preguntas que respuestas. Descubren cosas que realmente no sabían, y se hallan en un torbellino de dilemas que no pueden resolver. En ese momento las soluciones simplistas son reemplazadas por reflexiones realistas ... y las cosas profundas de Dios salen a flote, eclipsando las respuestas superficiales.

Eso explica por qué Jesús no regañó a Tomás diciéndole: "¡Mira en tu cuaderno de notas! Ya cubrimos eso en mi discurso en el Monte de los Olivos, página 59." En efecto Él le dijo: "Tomás, tus preguntas serán resueltas en Mí. Yo soy el camino, la verdad y la vida" (Juan 14:6).

¿Cómo puede Él ser "el Camino" cuando ellos mismos se encontraban en un callejón sin salida? ¿Cómo Él se puede llamar "la Verdad" cuando todo parecía una farsa? ¿Cómo puede Él ser "la Vida" cuando les acaba de hablar de su muerte inminente? Más preguntas sin respuestas persisten en el alma fracturada de Tomás. Por tres días después de la muerte de Cristo los discípulos se afligieron, acosados por el miedo y hostigados por la duda. Entonces, cuando Jesús se les apareció, todo eso cambió.

Juan recuerda el encuentro transformador:

Cuando llegó la noche de aquel mismo día, el primero de la semana, estando las puertas cerradas en el lugar donde los discípulos estaban reunidos por miedo de los judíos, vino Jesús, y puesto en medio, les dijo: Paz a vosotros. Y cuando les hubo dicho esto, les mostró las manos y el costado. Y los discípulos se regocijaron viendo al Señor. Entonces Jesús les dijo otra vez: Paz a vosotros. Como me envió el Padre, así también yo os envío… .

Pero Tomás, uno de los doce, llamado Dídimo, no estaba con ellos cuando Jesús vino (Juan 20:19-21, 24).

Con sus esperanzas destrozadas y sus sueños idos, Tomás estaba quién sabe dónde. Estaba perdido en sus dudas y desilusión. Dondequiera que estuviera, sin embargo, el resto de los discípulos lo encontraron y exclamaron: "¡Hemos visto al Señor!"

Pero eso no fue suficiente para nuestro reflexivo amigo. Él quería prueba tangible, y por eso Tomás les dice: "Si no viere en sus manos la señal de los clavos, y metiere mi dedo en el lugar de los clavos, y metiere mi mano en su costado, no creeré" (v. 25).

Otra vez Tomás reconoció sus dudas. Él no creyó ciegamente debido a que otros lo hicieron. Se necesitaría algo más que unos cuantos entusiasmados amigos para convencerlo que los horribles sucesos que él había presenciado apenas pocos días atrás habían sido revertidos milagrosamente. Él quería tocar las manos de Jesús, palpar las huellas de los clavos y meter su dedo en la herida hecha por la lanza en su costado antes que decidirse a creer; y eso era exactamente lo que Jesús tenía en mente para Tomás. Juan también escribe sobre este suceso:

Ocho días después, estaban otra vez sus discípulos dentro, y con ellos Tomás. Llegó Jesús, estando las puertas cerradas, y se puso en medio y les dijo: Paz a vosotros. Luego dijo a Tomás: Pon aquí tu dedo, y mira mis manos; y acerca tu mano, y métela en mi costado; y no seas incrédulo, sino creyente. Entonces Tomás respondió y le dijo: ¡Señor mío, y Dios mío! (vv. 26-28).

Tomás, habiendo enfrentado con franqueza sus dudas, descubrió una fe firme. Una vez convencido, se rindió.

Nosotros atravesamos los tiempos difíciles de la duda de la misma forma, ¡haciéndole frente a esas dudas y trayéndolas al Salvador! Como lo hizo Tomás.

Cualquier pregunta que no sea capciosa, no es una pregunta escéptica; es una búsqueda sincera. Con mucha gracia Jesús le responde: "Porque me has visto, Tomás, creíste; bienaventurados los que no vieron, y creyeron" (v. 29).

Usted está incluido en ese "los" de esta frase. "Bienaventurados son ustedes que no vieron, y sin embargo creen." Dichosa es usted María, Doris, Bárbara, y Marta; dichosos ustedes Beto, Guillermo, Pepe y Francisco. ¡Dichosos son todos ustedes que no han visto y sin embargo creen! Dichosos son por traerle sus dudas a Él y dejarlas al pie de la cruz. Es ahí, en la cruz, en donde los que ya no pueden hacerle frente a las dudas de la vida, pueden resolver las cosas. Es el lugar al que todos debemos acudir ... mejor más temprano que tarde.

CUANDO USTED YA NO PUEDE HACERLE FRENTE

¿Podría cerrar este capítulo escribiéndole de manera muy personal? Sí, a usted. En toda vida que se vive de manera realista y reflexionando, llegamos a lugares imposibles en los que sentimos que ya no podemos hacerle frente a nada. Quizá no lo parezcan, pero esos son los lugares más saludables en la vida, aunque también son los más difíciles. Cuando parece que la tierra se abre a nuestros pies, cuando el dolor parece insoportable, cuando tienen lugar algunos sucesos increíbles, las dudas llegan sin anunciarse. No las niegue; reconózcalas. Esos tiempos de duda llegan a ser aulas de aprendizaje. Al abrirnos paso entre ellas, se forja una nueva clase de fe.

Vendrá lentamente, y eso es provechoso. Usted está siendo forjado en el yunque del misterioso plan de Dios, algo del cual usted no podrá explicar. Y eso está bien.

Ahora la pregunta real es cómo. ¿Cómo crecemos en esta nueva clase de fe en los tiempos difíciles de la duda?

Primero, arriesgándose y fracasando, sin jugar siempre a lo seguro. Usted no puede darse el lujo de vivir una vida de temor; no debe jugar siempre a lo seguro. Ganarle a la duda significa vivir por fe y no por vista. Andar por esta nueva jornada tiene sus riesgos. Usted no puede mirar más allá de cada recodo del camino o vislumbrar de antemano cada peligro. Algunas veces fallará, ¡pero eso no es fatal! Así es como crecemos, confiando en Dios en los riesgos que corremos y los fracasos que soportamos. Adelante. Niéguese a jugar sólo a lo seguro.

Segundo, continuamos creciendo al aflojar y perder cosas valiosas, al no buscar seguridad en lo temporal. En el centro de esta técnica está el principio de sostener todas las cosas sin aferrarse a ellas.

Cynthia y yo conocemos a un matrimonio que es lo más cercano a una pareja ideal de padres que hayamos conocido. Cada navidad recibimos una hermosa tarjeta de ellos. Por muchos años fueron para nosotros el retrato de una familia perfecta. Sin embargo un día se encontraron en un abismo inescapable. Su encantadora hija fue recluida en un hospital psiquiátrico después de intentar suicidarse por un desorden alimenticio. Nuestros queridos amigos quedaron totalmente devastados. Ya no sonreían ni citaban versículos bíblicos. No andaban de un lado a otro sonriendo a la vida y repitiendo cansados clisés, tales como: "A pesar de todo esto, Dios es grandioso, Dios es bueno." No: por poco se ahogan en sus dudas. Derramaron lágrimas amargas. Cuestionaron todo en lo que habían creído.

¿Se les podría todavía catalogar como personas de fe a pesar de haber temblado en las tinieblas? Ni dudarlo. Por la gracia de Dios, con el tiempo, ellos resolvieron esas dudas, habiéndolas enfrentado con sinceridad y se rehusaron a buscar seguridad en lo temporal. Actualmente, mirando hacia atrás, están convencidos que esos días de soledad resultaron ser los mejores días de sus vidas. Su andar con el Señor Jesús es mucho más maduro que antes.

Tercero, continuamos creciendo al cuestionar e investigar lo incierto, y no al abrazar ciegamente lo ortodoxo. Lea esto otra vez, en voz alta. No nos tragamos ciegamente las respuestas de otro; sino que mantenemos nuestra mente y corazón dedicados a la búsqueda de la verdad de Dios, buscando en la Biblia, buscando la sabiduría y entendimiento de Dios. Eso es lo que quiero decir con cuestionar e investigar.

Cuarto, crecemos al admitir y luchar con nuestra humanidad, no al negar nuestras limitaciones y esconder nuestros temores. Y puedo asegurarle que este autor de Dios entiende lo que es verse acorralado por la duda. Yo he estado allí más veces de las que usted creería. Definitivamente usted no está solo.

No dude, crea

Quizá haya leído por primera vez en su vida que hay lugar en la cruz para sus dudas y preguntas. Tal vez algún alma bien intencionada le ha empujado a algún rincón y ha tratado de hacerle creer u obligarle a pensar que sus dudas y temores son una ofensa para Cristo. Usted debe oír de nuevo las tiernas palabras del que conoce sus dudas y temores mejor que usted mismo. Él dice: "La paz sea contigo. Mira mis manos y mis pies; mira con los ojos de la fe y cree. Eres bienaventurado cuando crees a pesar de tus dudas."

ॐ

Señor: Nuestra fe ha encontrado un lugar de reposo en tu Hijo Jesús. Sin embargo, todavía, como Tomás, luchamos con los temores, y tenemos dudas. Aún no hemos resuelto todo en nuestra vida; y esto no sucederá sino cuando estemos contigo. Gracias por aceptarnos con nuestras luchas, y por no ignorar nuestras preguntas; y parece que hemos hecho algunas de ellas como cien veces. Gracias por entender que, a pesar de que lloramos por nuestras pérdidas, todavía te amamos. Y cuando cuestionamos las calamidades y tragedias de la vida no es porque dudamos de tu derecho a reinar ... estamos luchando para soltar nuestros propios derechos. Estamos tratando de abrirnos paso por entre nuestra propia razón.

Gracias por no rechazarnos cuando fallamos. Gracias por no abandonarnos a nuestras dudas. Gracias por el mensaje de tu Libro, que incluye a gente sincera como Tomás, que finalmente dijo: "¡Señor mío, y Dios mío!" Ten paciencia con nosotros mientras nosotros también tratamos de llegar a ese mismo lugar.

Te lo pido el nombre de Jesús. Amén.

Seis

Cuando se atraviesa los tiempos difíciles
del divorcio

S OY UN PREDICADOR. Ese es mi don y mi pasión. Sea que esté investigando en la quietud de mi oficina o hablando en un lugar de adoración rodeado de gente, lo que fluye de las profundidades de mi ser son sermones, observaciones e implicaciones, aplicaciones y exhortaciones de la Palabra de Dios. Todo eso ha pasado por el filtro de mi alma, impreso por mis dedos en la página y finalmente expresado por mis labios, primero a mi congregación y luego por las ondas por el aire.

Todo sermón, sea escrito o hablado, tiene que ser instructivo por naturaleza; debe estar cimentado en la verdad de Dios, y no en la opinión humana. Hace casi un siglo otro predicador, mucho más dotado que yo, Charles Haddon Spurgeon, dijo lo siguiente a sus estudiantes al instarles a buscar con tesón la verdad y doctrina sustantiva en su predicación:

Los sermones deben contener enseñanza real, y su doctrina debe ser sólida, sustancial y abundante. No subimos al púlpito para hablar solo por hablar; tenemos instrucciones que transmitir, de suma importancia, y no podemos darnos el lujo de pronunciar nimiedades lindas que no dicen nada. El campo de temas es inagotable y por tanto, no podemos excusarnos si nuestros discursos son deshilachados y sin sustancia.[1]

Al planear la forma de enfocar este capítulo acerca de las agrestes realidades del divorcio, deliberadamente resistí la tentación de escribir "nimiedades lindas que no dicen nada." No hay nada de lindo acerca del divorcio. Usted lo sabe, si ha atravesado ese trauma, o conoce a alguien que lo ha atravesado. Necesitamos la perspectiva de Dios, su pura verdad, de las páginas de su Palabra acopladas con las tiernas y claras expresiones de su Hijo Jesús.

Confieso que al escribir este capítulo lo hago con el corazón apesadumbrado. Este es un tema triste y sombrío; pero siendo el divorcio tan común en nuestros días, un libro acerca de los tiempos difíciles de la vida parecería consternadamente abreviado sin un capítulo sobre este tema. Mi esperanza, una vez que usted haya interactuado con la enseñanza de la Biblia, es que sentirá un reto a pensar con más profundidad y a vivir más cuidadosamente.

Más que eso, si usted se halla en la encrucijada del divorcio o luchando con pensamientos de dejar a su cónyuge, necesita saber que no está solo. El Único que entiende sus anhelos más profundos y sus cargas más privadas, que se preocupa por su dolor y se identifica con su desilusión es Jesús. Él sabe todas las razones que le hacen sentir que le iría mejor terminando su matrimonio. Con todo, Él está a su lado hoy, no para esgrimirle en las narices su dedo divino y regañarle por su falta de fe, sino anhelando calmarle y reconfortarle, ayudarle a pensar incluso más profundamente y darle una resolución fresca para confiar en Él un día más.

Así que, ¿me acompañará por las próximas páginas? Si se halla en medio de un divorcio brutal o buscando cómo escapar de una relación destrozada y dolorosa, quizá no haya verdades fáciles de leer y considerar. Pero, por favor, acompáñeme. Al escuchar a Dios mientras Él habla por su Palabra, puedo ofrecerle consejo confiable de quien es Consejero Admirable y Príncipe de Paz. Deténgase y recuerde que Él fue quien originó toda esta idea del matrimonio. Él es el Diseñador del matrimonio, el Arquitecto supremo; Él es el consejero más capacitado para ayudarle en su relación rota. Él es quien lo creó a usted, en primer lugar.

Así que la primera parada en nuestra búsqueda de perspectiva es un retroceso en el tiempo. Volvamos a los planos bíblicos para el matrimonio para ver cómo empezó todo.

CUANDO EMPEZÓ EL MATRIMONIO

El matrimonio comenzó poco después del comienzo de la vida humana. El mismo capítulo 1 de Génesis provee una amplia declaración de la actividad de Dios en los primeros seis días de la creación. El clímax de su creación de la tierra y del universo entero llega cuando Dios dice: "Entonces dijo Dios: Hagamos al hombre a nuestra imagen, conforme a nuestra semejanza; y señoree en los peces del mar, en las aves de los cielos, en las bestias, en toda la tierra, y en todo animal que se arrastra sobre la tierra" (Génesis 1:26). El narrador inspirado continúa: "Y creó Dios al hombre a su imagen, a imagen de Dios lo creó; varón y hembra los creó" (v. 27).

Génesis 2 se mueve como un lente de aumento bajo la dirección del Espíritu Santo y relata la secuencia de la creación del ser humano. Primero leemos sobre la creación de Adán: "Entonces

Jehová Dios formó al hombre del polvo de la tierra, y sopló en su nariz aliento de vida, y fue el hombre un ser viviente" (2:7).

Después Dios creó a la mujer:

> Y dijo Jehová Dios: No es bueno que el hombre esté solo; le haré ayuda idónea para él ... Entonces Jehová Dios hizo caer sueño profundo sobre Adán, y mientras éste dormía, tomó una de sus costillas, y cerró la carne en su lugar. Y de la costilla que Jehová Dios tomó del hombre, hizo una mujer, y la trajo al hombre (vv. 18, 21-22).

Debe haber sido una escena imponente. ¡Hablando de una hermosa boda! Viendo la soledad y desolación del alma de Adán, Dios decide intervenir y cambiarlo todo. Asombrosamente, de la costilla de Adán Él creó un ser vivo singular, encantador: una mujer; y Dios se la trajo a Adán en la primera relación matrimonial de la historia. No hubo marcha nupcial, ni traje de bodas, ni ceremonia de anillos, ni palmas sudorosas; ni agotado planificador de bodas ladrando órdenes a los ujieres. Sólo hubo una escena pacífica en el huerto con Dios, y un hombre y una mujer que se unían. Perfecto. Perfecta armonía, pareja perfecta, plan perfecto ... descrito en términos más sencillos: "Por tanto, dejará el hombre a su padre y a su madre, y se unirá a su mujer, y serán una sola carne. Y estaban ambos desnudos, Adán y su mujer, y no se avergonzaban" (vv. 24-25).

En esa breve narración Dios incluye su plan original para el matrimonio ideal:

- El primer matrimonio fue entre un hombre y una mujer.
- Fue Dios mismo el que unió a la pareja.
- Ellos debían vivir en la práctica su relación bajo los preceptos de Dios y para gloria de Dios.

Un vistazo cuidadoso a ese plan revela cuatro ingredientes esenciales: *separación, permanencia, unidad* e *intimidad.* Consideremos cada uno:

Primero, debe haber separación. "Por tanto, dejará el hombre a su padre y a su madre." La clase de matrimonio que Dios planeó originalmente requiere que tanto el novio como la novia rompan los lazos de dependencia de padres o guardianes. Eso asegura que la relación matrimonial empieza sin emociones en competencia, y también implica una clara dependencia en Dios e interdependencia uno del otro.

Segundo, tiene que haber permanencia. "Y se unirá a su mujer." La palabra que se traduce "se unirá a" literalmente significa "soldarse o pegarse." Hay permanencia en mente. Adán y Eva debían tener una relación permanente e impenetrable.

El tercer ingrediente esencial es unidad: "Y serán una sola carne." Eso no es uniformidad; el hombre y la mujer debían seguir siendo distintos, y debían desempeñar papeles diferentes. Habrían de mantener sus rasgos y temperamentos singulares que Dios les había dado. Sin importar esa singularidad, Dios planeó una unidad global que debía prevalecer; un cultivo vitalicio de una relación unificada.

Apropiadamente, el toque final planificado por Dios es intimidad. "Y estaban ambos desnudos, Adán y su mujer, y no se avergonzaban." En el caso de Adán y Eva, esta era una intimidad tierna, ordenada por Dios, sin la mancha del pecado, ni la traba de la vergüenza, y desprovista de complejos. La libertad emocional íntima y el deleite sexual de ese primer esposo y esposa están más allá de nuestra comprensión. Su matrimonio era perfecto, absolutamente perfecto ... hasta Génesis 3.

Cuando el matrimonio se echó a perder

¿Qué salió mal? La respuesta es una palabra: *pecado.* Usted probablemente sabe la historia, Dios les concedió a Adán y Eva perfecta libertad para vivir y disfrutar de los frutos del huerto; y sólo había una prohibición: no debían comer del fruto del árbol del conocimiento del bien y el mal. Hacerlo les traería muerte física y espiritual (Génesis 2:17). Pero ellos no obedecieron a Dios, y al comer del fruto prohibido pusieron en movimiento una avalancha de destrucción y maldad.

El pecado surtió sus efectos en la *permanencia*, quizá más que en la *separación*, la *unidad* y la *intimidad*. El pecado debilitó el lazo del matrimonio que había sido sellado en el santo altar de Dios. En lugar de sermonear aquí, voy a ir directamente al grano. Si hay una mancha masiva en el historial de las relaciones humanas desde ese día hasta ahora, sería la ruptura de la permanencia en el matrimonio.

¿Qué pasó con la permanencia?

Las estadísticas revelan una epidemia. Si la tendencia continúa, más de la mitad de todos los matrimonios en los Estados Unidos de América terminarán en divorcio en su primera década. Aunque eso me perturba, hay dos aspectos de esto que me preocupan profundamente. Me duele incluso mencionarlos aquí, pero debo hacerlo.

Primero, me preocupa el hecho de que las parejas creyentes son tan susceptibles al divorcio como las que no son creyentes. A pesar de los inagotables recursos divinos a nuestra disposición, las probabilidades de que un matrimonio creyente dure toda la vida son tan bajas como las de los no creyentes. Los seguidores de Cristo están decidiendo abandonar su compromiso matrimonial en alarmantes cifras que crecen cada año.

La segunda parte que me molesta tanto es el caos que el divorcio impone sobre los hijos. Esa devastación incluye a los hijos adultos del divorcio. Actualmente menos de tres cuartas partes de todos los hijos estadounidenses viven en hogares con dos padres; y la escena no es mucho mejor en otros países. El divorcio está lisiando a las generaciones emergentes.

¿Por qué preocuparse tanto?

¿A qué tanta alharaca?, tal vez se pregunte usted. Dicho sin ambages, es que el divorcio no es lo que planificó Dios y tampoco le agrada. El divorcio en la iglesia cristiana es poco menos que una epidemia. Clara y sencillamente Dios planeó que hubiera un hombre y una mujer en un matrimonio que durara toda la vida. Él se complace cuando una pareja de padres de sexos opuestos crían a sus hijos en saludable temor y tierna enseñanza del Señor. Se honra a Dios y se le complace maravillosamente cuando las familias funcionan con comunicación abierta, dando modelos ejemplares, cultivando confianza, amor, disciplina, seguridad y protección (para nombrar sólo unas pocas características). De hecho, Dios quiere que su iglesia modele esos distintivos; sin empañarlos con el divorcio.

Otra preocupación crucial es que el divorcio da comienzo a un ciclo que nunca mejora, y siempre erosiona. Una vez que el pensamiento de salirse del matrimonio se convierte en una alternativa, la permanencia del matrimonio se socava sutilmente; y una vez que esa mentalidad domina, la caída resbaladiza se acelera. La historia cuenta la triste realidad de que una vez que los hogares de una nación se fracturan permanentemente, la nación se derrumbará hasta sus cimientos.

Los que hemos vivido nuestras vidas en el contexto dominante del pecado no podemos imaginar cómo sería un mundo de inocencia dominante. Simplemente haga una pausa y piense. Haga dos columnas mentalmente:

Inocencia	Pecaminosidad
Paz, armonía y gozo Comunicación abierta, intimidad, deseo de obedecer a Dios.	Conflicto, disensión y odio Comunicación cerrada, egoísmo, deseo de complacerme yo mismo, o de culpar al otro si no me hace feliz, o culpar a Dios si Él no hace que eso resulte.
Amor, afecto, cuidado, seguridad y dedicación sacrificada	Exigencias, enojo, competencia, baja autoestima.

El escritor John Powell hace un trabajo magistral en su libro *Happiness is an Inside Job* [La felicidad es un trabajo desde adentro], describiendo cuán ingenuamente nosotros esperamos la felicidad en la vida de otra persona. Lea sus palabras con cuidado y detenimiento.

Hace unos años un abogado de divorcios emitió la opinión de que la mayoría de los divorcios son el resultado de expectativas romantizadas. Jack piensa que casarse con Jill será la felicidad suprema. Él la llama "Ángel" y "Dulzura"; ella es todo lo que jamás necesitará. Le canta la letra romántica de canciones de amor. Luego, poco después de que las campanas nupciales se han convertido en eco, la verdad se asienta: hay expresiones desagradables de temperamento, ganancia de peso, comidas quemadas, ruleros en la cabeza, mal aliento ocasional y olores corporales. Silenciosamente se pregunta cómo se metió en esto; y en secreto piensa que ella lo ha engañado. Él había apostado su felicidad en su "Carita de ángel" y evidentemente perdió.

Por otro lado, antes del matrimonio el corazón de Jill late más rápido cada vez que piensa en Jack. Será el cielo casarse con él. "Simplemente Jackie, y yo, y el bebé, seremos tres ... en mi cielo azul." Luego hay cenizas de cigarrillos, la adicción de él a partidos deportivos en la televisión, insensibilidades pequeñas pero dolorosas; la ropa regada sólo en orden cronológico. Su caballero de reluciente armadura se ha convertido en un vagabundo. La tapa del dentífrico se ha perdido, la manija de la puerta que él ha prometido reparar todavía se le queda en la mano. Jill llora mucho, comienza a buscar "consejeros matrimoniales" en las páginas amarillas. Jack la llevó galantemente hacia la puesta del sol; de ahí en adelante todo ha sido tinieblas.

El cincuenta por ciento de todos los matrimonios terminan en divorcio. El sesenta y cinco por ciento de todas las segundas nupcias terminan en la misma traumática tristeza. La desilusión siempre parece seguir cuando se espera que alguien o algo nos haga felices. Esas expectativas son un desfile sobre el cual siempre llueve. El lugar llamado "Camelot" y la persona "correcta" simplemente no existen ... Una vez vi una caricatura de una mujer enorme parada sobre su diminuto marido sentado, exigiendo: "¡Hazme feliz!" Era una caricatura, con la intensión de provocar risa. Era una distorsión de la realidad y por ello era cómica. Nadie puede hacernos verdaderamente felices o verdaderamente desdichados.[2]

¿Cuándo aprenderemos eso? El matrimonio no fue diseñado para hacerlo feliz a usted, ni a nadie; por consiguiente, su desdicha no es razón para terminar el compromiso de toda una vida. La felicidad es sólo la cubierta del pastel. Como lo he dicho por años, no es el amor lo que mantiene unido al matrimonio, es el compromiso. El amor, como una emoción, sube y baja con el tiempo. Hay sólo unas cuantas noches para caminar bajo la luz de la luna. Las enfermedades, angustias, quebrantos, desilusiones, envejecimiento, y adversidades obran contra el amor romántico; pero esos mismos conflictos pueden fortalecer el compromiso.

Todas estas malas noticias subrayan el poder destructivo del pecado. Desde que el deslave del pecado comenzó en Génesis 3, todos los matrimonios han luchado contra la influencia destructiva del pecado. Conflictos, maltrato, engaño, baja estima propia, egoísmo e inmoralidad, ponga todo esto en la mezcla del matrimonio, y no es sorpresa que necesitamos del poder de Dios para sobrevivir. La buena noticia es esta: en Cristo hay esperanza para atravesar los tiempos difíciles del divorcio, sin que importe en qué parte del ciclo se encuentre usted.

En los días de Jesús: Su instrucción sobre el divorcio

El campamento base de la enseñanza de Cristo acerca del divorcio se encuentra en Mateo 19. Jesús se preocupó por el divorcio aun en sus días, porque proliferaba, tanto en la gente común como entre los fariseos. Mateo capta una escena en el capítulo 19 de su Evangelio que muestra a los dirigentes religiosos otra vez intentando hacer que Jesús cayera en la trampa, pero esta vez la trampa tenía la carnada del divorcio.

"Entonces vinieron a él los fariseos, tentándole y diciéndole: ¿Es lícito al hombre repudiar a su mujer por cualquier causa?" (v. 3).

Para entender lo que motivó la pregunta de los fariseos tenemos que entender primero un suceso que tuvo lugar en la historia del pueblo hebreo. En el principio la intención de Dios fue que Israel fuera su testigo al resto del mundo; pero el antiguo pueblo judío, luchando en incredulidad, finalmente siguió los patrones mundanales de la vida egoísta. Eso los llevó a casarse con sus vecinos gentiles. El *distintivo* entre judíos y gentiles se hizo cada vez más borroso. A fin corregir su error y preservar la pureza de la nación, Dios permitió por medio de Moisés que se entregara un certificado de divorcio si se encontraba "alguna cosa indecente" en el cónyuge (ver Deuteronomio 24:1-4). Sin embargo, esto debía ser la excepción, nunca la regla. Como lo señala John Stott, el divorcio fue "una concesión divina a la debilidad humana."[3]

Varias respuestas

Admisiblemente hay una variedad de interpretaciones al significado de "alguna cosa indecente." Esa frase dividiría radicalmente a la gente en los días de Jesús. El erudito bíblico D. A. Carson escribe:

> Las opiniones estaban divididas a grandes rasgos en dos posiciones: tanto la escuela de Jilel como la escuela de Shammai permitían el divorcio (de la mujer por el hombre; lo opuesto ni se consideraba) en base a *eruat dabar* ("alguna cosa indecente," Deuteronomio 24:1), pero discrepaban en lo que "indecente" podría incluir. Shammai y sus seguidores interpretaban la expresión para referirse a una indecencia grotesca, aunque no necesariamente adulterio; Jilel extendía el significado más allá del pecado hasta toda clase de ofensas reales o imaginarias, incluyendo una comida mal preparada. El jilelita R. Akiba permitía el divorcio en caso de echarle el ojo a una mujer más bonita.[4]

Los fariseos esperaban arrastrar a Jesús directamente a la controversia entre Jilel y Shammai, en donde lo podrían emboscar de cualquier manera que Él contestara. Jesús percibió su estrategia, y en lugar de dejarse arrastrar a la disputa, procedió a alinearse con el profeta Malaquías, que anotó las propias palabras de Dios sobre el asunto cuando escribió que Dios "aborrece el repudio" (Malaquías 2:16). Sin que importe la aceptación cultural, el divorcio no es normal, ni es neutral, ni tampoco es una santurrona salida fácil del conflicto. El divorcio siempre ha sido destructivo; y sus consecuencias siempre han sido de largo alcance y duraderas. Aunque a veces, admisiblemente, es permitido.

Un análisis cuidadoso

Jesús escogió dirigir la atención de los fariseos al diseño original de Dios para el matrimonio cuando contestó: "¿No habéis leído que el que los hizo al principio, varón y hembra los hizo, y dijo: Por esto el hombre dejará padre y madre, y se unirá a su mujer, y los dos serán una sola carne?" (Mateo 19:4-5). Entonces martilló la permanencia y santidad del matrimonio con un poderoso mandamiento: "Así que no son ya más dos, sino una sola carne; por tanto, lo que Dios juntó, no lo separe el hombre" (v. 6).

Los fariseos persistieron hurgando más: "¿Por qué, pues, mandó Moisés dar carta de divorcio, y repudiarla?" (v. 7). Jesús ni siquiera pestañeó. En su respuesta a la segunda pregunta Él ofrece tres aclaraciones cruciales, dos de las cuales se encuentran en el versículo 8. Jesús contestó: "Por la dureza de vuestro corazón Moisés os permitió repudiar a vuestras mujeres; mas al principio no fue así" (v. 8). Primero Jesús corrigió a los fariseos: Moisés no *ordenó* el divorcio, sino que lo *permitió*. Segundo, Jesús reiteró que el divorcio no era el plan original de Dios cuando dijo: "mas al principio no fue así." Finalmente, Jesús especificó el significado de "alguna cosa indecente," el controversial pasaje de Deuteronomio 24:1, que había alimentado el debate que mantuvo a los campos de Jilel y Shammai tan radicalmente divididos: "Y yo os digo que cualquiera que repudia a su mujer, salvo por causa de fornicación, y se casa con otra, adultera; y el que se casa con la repudiada, adultera" (v. 9).

El término griego que usa Mateo, traducido como "fornicación" es *porneia*, de la que se deriva la palabra *pornografía*. No se limita al adulterio, aunque lo incluye; puede referirse a incesto, relaciones sexuales lesbianas, actos homosexuales, y definitivamente un estilo de vida persistente de conducta sexual ilícita fuera del lazo matrimonial.

Parece dudoso que Jesús esté dando permiso para que las parejas se divorcien por una aventura de una sola noche. Esa no es la fuerza de *porneia*. Usando esta palabra, Jesús recalcó la disposición continua de uno de los cónyuges de seguir siendo sexualmente infiel, de persistir en una obvia determinación de tener intimidad sexual con otro individuo fuera del matrimonio.

Y permítame añadir que al cónyuge fiel nunca se le *ordena* irse. Dios (que aborrece el divorcio) desea que el cónyuge fiel se quede lo suficiente como para darle a Dios la oportunidad de que el matrimonio fracturado funcione, sane, se restaure. También debo indicar que puede ser borroso cuál es el cónyuge fiel y cuál no lo es. Pero al cónyuge que *no* ha cometido la serie de actos indecentes se le anima a seguir siendo fiel y permitir que Dios obre. He observado a gente así que más tarde dicen: "Seguir juntos fue lo mejor que pudimos haber hecho. Yo decidí perdonarlo. Entiendo que fue un fracaso, una ruptura de nuestra intimidad; y no sé si podremos alguna vez dejar por completo este punto atrás; pero he decidido que los hijos, el matrimonio y nuestro futuro merecen que superemos esto." Usted debe haber oído de amor firme; yo llamo a esa respuesta compromiso fornido; y lo aplaudo.

Una aceptación necesaria

Mateo no menciona si los fariseos captaron la seriedad de la enseñanza de Cristo, pero sí nos da un indicio de que los discípulos la captaron: "Le dijeron sus discípulos: Si así es la condición del hombre con su mujer, no conviene casarse" (Mateo 19:10).

Jesús los afirma y los corrige a la vez:

Jesús les contestó:
—No todos pueden comprender esto, sino únicamente aquellos a quienes Dios les ha dado que lo comprendan. Hay diferentes

razones que impiden a los hombres casarse: unos ya nacen incapacitados para el matrimonio, a otros los incapacitan los hombres, y otros viven como incapacitados por causa del reino de los cielos. El que pueda entender esto, que lo entienda (Mateo 19:11-12, VP).

En otras palabras, si usted tiene el don de celibato o si es célibe por cualquier razón, quédese soltero … ¡eso es grandioso! Eso es maravilloso; acepte su soltería como un don de Dios. Pero si decide casarse, tome ese compromiso muy seriamente y hágalo permanente. Ese es el plan y diseño original de Dios para el matrimonio.

ALGUNAS CONCLUSIONES DURAS QUE EXIGEN UNA RESPUESTA

Permítame darle tres pensamientos importantes para recordar, al considerar la enseñanza de Cristo sobre el divorcio.

Primero, la santidad del matrimonio necesita dedicación personal, tal como la santidad de la vida necesita el nacimiento. Ni siquiera soñaríamos en quitar una vida del vientre. ¡Eso es aborto! Y estaremos contra eso hasta el fin. Con igual pasión necesitamos convenir en que la santidad del matrimonio necesita dedicación. Usted no tiene el derecho de abortar su matrimonio simplemente por los conflictos, dificultades o inconveniencias; y repito, ningún matrimonio se mantiene unido simplemente por el amor romántico. El amor es importante, y, en verdad, el amor es vital; pero puede diluirse y volverse y frágil con el paso del tiempo. La dedicación añade los músculos que necesita el amor cuando sufre las consecuencias de la fatiga.

Segundo, la necesidad de dedicación se debilita por nuestra naturaleza pecaminosa. Por eso es que en los momentos de debilidad todos nos sentimos tentados a irnos. El pecado entra, y con él llega el acomodo, el ablandamiento de la voluntad y todo tipo de resultados de la carnalidad: ultraje, infidelidad, egoísmo, rencores del uno contra el otro, comentarios hirientes, bochorno, sarcasmo y un sinnúmero de otras tendencias destructivas. Todo eso debilita la dedicación. Sin ayuda en ese momento, algunos no lograrán seguir. Usted tal vez se halle en ese punto al leer estos pensamientos.

Tercero, Jesucristo puede contrarrestar nuestra naturaleza pecadora. Verdaderamente Él es la respuesta. Él es el remedio, sin que importe cuán desesperadamente disfuncional se haya vuelto su matrimonio. Sin Él, todos nosotros estamos navegando río arriba sin remos. Francamente me asombra que algún no creyente pueda tener un matrimonio feliz y satisfactorio; pero ¿sabe? algunos lo logran. He visto lo que parecen ser matrimonios satisfechos y mutuamente gratificantes entre no cristianos. Lo extraordinario es que lo han hecho sin el poder de Cristo: pero su relación nunca alcanza las alturas completas que el Arquitecto original diseñó para el matrimonio.

Sin Jesús es virtualmente imposible mantener un matrimonio sólido; y si el suyo ya está tambaleándose, no debe intentar atravesar los tiempos difíciles de contemplar el divorcio, sin depender fuertemente de Jesús para recibir Su poder. Con Jesús en el centro de ambos cónyuges ningún matrimonio ha ido demasiado lejos. Si ambos están dispuestos a rendirse a Él y permitir que Él obre en su tiempo y a su manera, nunca habrá un punto sin retorno.

Un joven me dijo recientemente: "Quiero que sepa que he vuelto a mi esposa. Nos habíamos separado y rápidamente tuve un amorío. He sufrido tanto las consecuencias como la futilidad de eso; se lo digo, voy a volver. Chuck: nunca había sentido la presencia y la fortaleza de Dios como la siento ahora."

Eso es lo que usted necesita en las difíciles circunstancias de un divorcio pendiente o un matrimonio en conflicto: la presencia y la fortaleza de Cristo. Pero, simplemente para tener cuentas claras, debo decir que Él no va a irrumpir en el castillo de su corazón sin invitación. Él espera para entrar; espera que se le invite para obrar en beneficio suyo o de su cónyuge. Es preciso invitar a Cristo para que empiece una obra sobrenatural de sanidad y restauración, para revertir años de dolor, malos entendidos, amargura y remordimiento que corroe.

Es probable que usted haya experimentado recientemente los horrores de un largo y brutal divorcio. Su cónyuge lo dejó por otro individuo más atractivo. Usted se siente descartado, usado, y traicionado. Debe saber que aunque quisiera decirle que entiendo la profundidad de su dolor, en realidad no puedo. No puedo, simplemente porque yo nunca he sido objeto de un rechazo así de alguien que yo pensaba que me amaba más que nadie en el mundo. Pero sí conozco al que *sí* puede entender, Uno que sabe lo que es el aguijonazo y la vergüenza del rechazo, el horror de la injusticia, y el choque de la infidelidad. Se llama Jesús. Él soportó todo eso y mucho más. Así que, se lo presento, a Él y su bendita cruz. Sólo Él puede tomar los retazos de su vida y con amor volver a ponerlos en su lugar, sosteniendo cada uno con cuidado compasivo y empatía.

Quizá ya han pasado varios años desde que su matrimonio concluyó en divorcio; y sin embargo el dolor persiste, especialmente en esos momentos cuando está solo o sola. Otra vez, permítame recordarle: Jesús está ahí, en esos tramos duros de soledad y vergüenza que persisten largo tiempo después de que todos los demás han seguido con sus vidas. ¿Le permitirá que Él le consuele hoy? Espero que lo haga. Ni siquiera trate de atravesar solo los tiempos difíciles, amigo o amiga mía. Confíe en Él completamente, sin que importe lo que esté enfrentando. Rehúse darse por vencido. Permítale que sea su fortaleza, su estabilidad. Él espera que lo invite.

Esta ha sido una conversación franca, y no "nimiedades lindas"; pero es una conversación franca necesaria cuando la tentación de escaparse es tan fuerte. A menos que sea absolutamente esencial para su supervivencia, ¡no siga esa ruta!

Siete

Cuando se atraviesa los tiempos difíciles del nuevo matrimonio

CUANDO VIVÍAMOS EN EL SUR de California, el señor Pato y su esposa llegaron volando a nuestro patio trasero una tarde fría. Habían escogido nuestro patio y piscina como su vivienda temporal. Por lo que observé, parecía que estaban en su luna de miel. Era una escena hermosa contemplar cómo se juntaban y se acariciaban frecuentemente.

La cabeza verde esmeralda del macho permanecía cerca de su amada que relucía hermosa, suave y esponjosa color café. Ella parecía reírse, y graznaba y se acurrucaba disfrutándolo.

Absorto en la belleza de la escena que veía desde nuestra cocina, de pronto miré a la derecha y tuve que reírme. Nuestra enorme perra Sha-sha estaba tratando de parecerse perdiguera. Tenía la vista clavada en uno de los patos. Allí estaba yo, disfrutando de la deliciosa escena de dos patos sintiéndose seguros y románticos mientras nuestra perra estaba a corta distancia, relamiéndose las mandíbulas, ¡pensando en la cena!

Casi una perfecta analogía del matrimonio. Primero que nada, pensé en la encantadora novia y el novio que llegan al altar disfrutando de la hermosura y excitación de ese especial día: la novia vestida de blanco exquisito, el novio luciendo elegante en su traje negro y corbata de lazo. Ambos tienen esa "mirada emocionada."

Tristemente, sin embargo, muchos no le prestan ninguna atención a los peligros. Ellos no viven felices para siempre. Con el paso del tiempo, ellos descuidan las cosas de mayor importantes y se preocupan demasiado por las de menor importancia; se olvidan de los depredadores que acechan cerca.

Los patos son muy devotos el uno con el otro. De hecho, se ha documentado que algunos hasta escogen morir al lado de un compañero derribado de un tiro por un cazador. Yo encuentro esto fascinante.

El matrimonio está llamado a ser así. No es un camino fácil, ni es un estilo de vida sencillo, feliz y bienaventurado, sino una frontera salvaje, emocionante y peligrosa. En su excelente trabajo titulado *The Mystery of Marriage (El misterio del matrimonio)*, Mike Mason escribe con gran visión:

En cualquier otra parte, en toda nuestra sociedad, hay cercas, paredes, alarmas contra ladrones, números telefónicos privados, y las más complejas precauciones para mantener a la gente a una distancia prudente. Pero en el matrimonio se invierte todo eso. En el matrimonio se derrumban los muros, y no sólo que el hombre y la mujer viven bajo el mismo techo, sino que duermen bajo las mismas cobijas. Sus vidas están completamente abiertas, y mientras cada uno estudia la vida del otro e intenta responder a lo que descubre, no existe un juego fijo de procedimientos a seguirse, y no hay formalidades en que apoyarse. Un hombre y una mujer se miran frente a frente en la mesa del desayuno y de alguna manera deben encontrarse uno a otro en medio de la niebla de migajas, ruleros y pagos de hipoteca. Ese es todo el propósito y mandato del matrimonio. Se ha concebido toda suerte de otros propósitos y se han inventado millones de excusas para evadir esta tarea central e indispensable; pero el hecho es que el matrimonio está cimentado nada menos que en el encuentro puro y al albur de alma con alma, sin ninguna reserva. Para esto no hay libro de reglas, ninguna ley que invocar, excepto la ley del amor.

Así que mientras el matrimonio puede presentar la apariencia de ser una institución altamente estructurada, formalizada y atada por las tradiciones, el hecho es que es la más libre, cruda e impredecible de las asociaciones humanas. Es el espacio sideral de la sociedad, la frontera salvaje.[1]

Y así debe ser. Esposos y esposas están llamados a ser los que vuelan libremente; libres uno al lado del otro, compañeros unidos entre sí de por vida, que conocen las alegrías y los éxtasis de la intimidad, que están dispuestos a volar alrededor y permanecer cerca cuando el otro cae, y quedarse junto al escogido hasta el mismo fin. Con demasiada frecuencia no lo hacemos, y allí es donde la alegoría se desploma. El pato se queda porque es pato; por el instinto; tal como tiene que volar al norte en el verano y al sur en el invierno. Pero nosotros tenemos la libertad de no quedarnos. Los divorcios suceden … todo el tiempo. Aparecen los peligros, se resquebrajan las relaciones, el compromiso se debilita, y los depredadores atacan. No es sorpresa que los lazos del amor y la permanencia se rompan. Vimos la gravedad de eso en el capítulo anterior.

El tiempo pasa. Así como hay momentos de descuido y olvido cuando los patos vuelan demasiado bajo, al alcance de hombres con armas poderosas, los matrimonios pueden tornarse negligentes. Se olvidan de los depredadores que están al alcance, siempre listos para atacar.

Obviamente todo el que visualiza el matrimonio como un éxtasis interminable de bendición romántica, un tipo de cielo en la tierra, está viviendo un mundo ilusorio. Yo puedo testificar, después de casi cincuenta años con la misma dama, ¡que es la más retadora de las responsabilidades de la vida! Mantener nuestro matrimonio fuerte, completo, satisfactorio y enriquecedor no es ni sencillo ni fácil.

Así que en vez de preguntar: "¿Cuáles son las bases para el divorcio?" yo sugiero que demos atención a la perspectiva de Dios respecto a la difícil cuestión de un nuevo matrimonio. Esta sería una pregunta mejor: ¿Cuándo un nuevo matrimonio es aceptable a los ojos de Dios?

Después de mucho pensar y tiempo dedicado a estudiarlo, finalmente he concluido que hay tres situaciones indicadas en la Biblia en donde Dios permite un nuevo matrimonio. Demos un vistazo a cada una.

UN SONDEO BÍBLICO DE ESCENARIOS DE NUEVOS MATRIMONIOS

A mi modo de verlo la Biblia indica claramente estas tres situaciones. Quiero repasarlas aquí y concluir este capítulo con algunas serias advertencias (*exhortaciones* sería una mejor palabra) a todos los que se han comprometido para casarse o que lo harán pronto.

Un nuevo matrimonio es permitido en caso de un cónyuge inmoral que no se arrepiente. En el capítulo anterior vimos esta primera situación con bastante detalle, así que aquí sólo tenemos que dar un breve repaso. Como usted recordará, los fariseos decidieron entrampar a Jesús respecto al asunto del divorcio. La respuesta de Jesús les aclaró varios puntos.

El les dijo: Por la dureza de vuestro corazón Moisés os permitió repudiar a vuestras mujeres; mas al principio no fue así. Y yo os digo que cualquiera que repudia a su mujer, salvo por causa de fornicación, y se casa con otra, adultera; y el que se casa con la repudiada, adultera (Mateo 19:8-9).

Como lo establecimos anteriormente, el Señor aborrece el divorcio; pero de acuerdo a este pasaje hay algo que Él aborrece casi por igual: ver el lazo del matrimonio manchado y roto por cónyuges que continuamente buscan una vida impía y que demuestran una obstinada falta de disposición para arrepentirse. Como prueba de cuánto desprecia Él la infidelidad, Jesús permitió al cónyuge fiel divorciarse y a la larga volver a casarse.

Ahora, no me entienda mal. Prefiero por completo el arrepentimiento. Más importante aun, Dios también lo prefiere. El divorcio en esos casos de obstinada rebeldía e inmoralidad sostenida y un subsiguiente nuevo matrimonio, permanece sólo como último recurso. Casi sin excepción (y realmente quiero decir *casi sin excepción*), mi consejo a los que vienen a hablarme de estas dificultades es: "Permanezcan juntos y arrepiéntanse completamente; perdonen completamente y traten de hacer que funcione con la ayuda de Dios y la ayuda de su pueblo." Entonces miro a la cara del culpable, y si él o ella admiten su inmoralidad yo suplico arrepentimiento, haciendo lo mejor que puedo para provocar un cambio (¡literalmente he suplicado por eso!). Pero si eso no sucede, yo pienso que la cláusula de excepción de Mateo 19 permite al cónyuge inocente, que no ha cometido ningún acto de infidelidad, la alternativa de salirse de este matrimonio y luego volver a casarse. Eso es lo que Jesús declara, y por tanto eso es lo que yo creo. De nuevo le recuerdo que hay quienes enseñan otra cosa, y yo los respeto. Puedo estar en desacuerdo con ellos, pero respeto el derecho que les asiste a sostener otra posición. Lo que leerá en las páginas que siguen son las convicciones que yo sostengo después de más de cuatro décadas de estudio de la Biblia y ministerio pastoral.

Un nuevo matrimonio es permitido en caso de deserción de un cónyuge no creyente. Muchos padres solteros que aman a Cristo podrían exhibir en sus Biblias un pasaje bíblico bien subrayado. Ese pasaje es donde encontramos la segunda situación en la que Dios permite a un cónyuge víctima casarse de nuevo, después de un matrimonio fracasado. Todos debemos ser buenos estudiantes de la Biblia, pero los que se hallan en matrimonios amenazados deben ser estudiar seriamente y con dedicación Primera a los Corintios 7. Si usted no lo ha hecho, comprométase a separar un tiempo para estudiar cuidadosamente este profundo capítulo tan útil y provechoso.

Permítame comenzar la consideración de este pasaje describiendo el contexto más amplio. En los primeros versículos del capítulo 7 el apóstol Pablo revela que si él pudiera escoger, preferiría que todos permanecieran sin casarse a fin de que dediquen sus vidas completamente a Cristo. Él admite sin embargo que "cada uno tiene su propio don de Dios, uno a la verdad de un modo, y otro de otro" (1 Corintios 7:7). A los que no tienen el don del celibato, o sea la capacidad dada por Dios para permanecer solteros y contentos, se les estimula a que procuren casarse con una persona del sexo opuesto.

En el resto del capítulo Pablo describe tres categorías de personas y cómo cada grupo debe abordar la cuestión del matrimonio y nuevo matrimonio. El primer grupo al que se dirige es el grupo de los "no casados" en los versículos 8 y 9. Se trata de "los solteros y las viudas." Él prefiere que permanezcan sin casarse, pero si sencillamente no pueden permanecer solteros y contentos, deben casarse o volver a casarse, si fuere el caso.

Luego Pablo se dirige a "los casados," y a ellos les presenta el reto de *permanecer casados.* Más específicamente él declara que "la mujer no se separe del marido; y si se separa, quédese sin casar, o reconcíliese con su marido; y que el marido no abandone a su mujer" (vv. 10-11). Él insta a los que ya están casados a que hallen contentamiento. Esposas, estudien a sus esposos; esposos, procuren conocer a sus esposas. Cultiven, relaciónense, perdonen, trabajen juntos y revisen los votos que se hicieron. Vuelvan a donde todo comenzó y repitan el romance del cortejo; pasen tiempo juntos los fines de semana; dediquen tiempo a profundizar y armonizar su relación; cueste lo que cueste, háganlo.

En todas sus cartas a los creyentes Pablo abogó consistentemente por la permanencia del matrimonio; pero también entendió las realidades más crudas ¿Quién sabe por qué ... o cómo? Quizá él sufrió el divorcio en su propia familia en algún punto del camino y sentía empatía por los que sencillamente no podían reconciliarse, y así proveyó una forma de alivio temporal. A ellos les ofreció una declaración en paréntesis, permitiendo la separación hasta que pudiera haber una reconciliación genuina. Hay momentos, francamente, cuando un cónyuge maltratado debe huir para salvar su propia vida o para proteger a los hijos. En situaciones desesperadas, la separación está permitida en aras de la salud y la seguridad, con el entendido, debo añadir, de que se debe buscar ayuda e intervención profesional.

Finalmente, en los versículos 12-16 Pablo se dirige a los que están en "yugo desigual" en su matrimonio; es decir, donde un creyente está casado con un no creyente. Examine cuidadosamente estas penetrantes palabras pastorales; léalas lentamente, varias veces, meditando en ellas.

Y a los demás yo digo, no el Señor: Si algún hermano tiene mujer que no sea creyente, y ella consiente en vivir con él, no la abandone. Y si una mujer tiene marido que no sea creyente, y él consiente en vivir con ella, no lo abandone. Porque el marido incrédulo es santificado en la mujer, y la mujer incrédula en el marido; pues de otra manera vuestros hijos serían inmundos, mientras que ahora son santos. Pero si el incrédulo se separa, sepárese; pues no está el hermano o la hermana sujeto a servidumbre en semejante caso, sino que a paz nos llamó Dios. Porque ¿qué sabes tú, oh mujer, si quizá harás salvo a tu marido? ¿O qué sabes tú, oh marido, si quizá harás salva a tu mujer? (vv. 12-16).

A mi juicio esto es un gran consejo para nuestra época, ¿verdad? Pablo insta a la permanencia hasta donde sea posible, aun en una relación espiritualmente desbalanceada. La presencia del cónyuge salvado en el hogar aparta ese hogar, atrayendo las bendiciones de Dios; los hijos están bajo la influencia de la verdad bíblica, y al menos uno de los padres ha nacido de nuevo y conoce al Señor personalmente. Mientras tanto, el cónyuge que tal vez ni se preocupa por las cosas de Cristo vive su vida en presencia de un cónyuge salvado, compasivo y que lo ama; y en ese sentido, ese cónyuge es separado para las cosas de Cristo. Eso no significa necesariamente que el cónyuge se hace creyente; sino que significa que ese cónyuge vive bajo la continua influencia de un estilo de vida santo, lo que permite que el Espíritu Santo haga su obra maravillosa.

Ahora, volvamos a estas instrucciones bíblicas y enfoquemos las palabras "no está el hermano o la hermana sujeto a servidumbre en semejante caso." Como usted podrá imaginarse, esa frase ha desatado tormentas de controversia. Las opiniones abundan ... especialmente en cuanto a eso de servidumbre ... ¿a qué? Quizá esa sea *su* pregunta. Recuerde la explicación en el capítulo anterior acerca de *separación, permanencia, unidad,* e *intimidad.* Obviamente esta sección de la Biblia tiene que ver con la permanencia. En el matrimonio el hombre y la mujer (a fin de que no haya confusión, la Biblia aclara que el matrimonio es *sólo* entre un hombre y una mujer) están unidos en un sólo ser. La palabra *servidumbre* significa estar ligado o unido; y de hecho, es así como se cita en 1 Corintios 7:39: "La mujer casada *está ligada* por la ley mientras su marido vive; pero si su marido muriere, libre es para casarse con quien quiera, con tal que sea en el Señor" (cursivas añadidas).

De paso, el versículo que usted acaba de leer indica claramente que la muerte es otra situación legítima que permite casarse de nuevo. Esta es una verdad tan obvia que no amerita más explicación.

Por el estudio de esta sección de la Biblia estoy convencido de que el cónyuge cristiano liberado por deserción se puede casar otra vez. Quizá su cónyuge no creyente se fue y cerró la puerta tras de sí. Posiblemente ya se ha casado de nuevo, por consiguiente usted está convencido o convencida de que el lazo entre ustedes se ha roto definitivamente. De acuerdo a la Palabra de Dios, al ser abandonado por el cónyuge no creyente a usted se le permite casarse otra vez.

Permítame añadir una precaución necesaria acerca del significado de "abandonar" a un cónyuge. No se trata de haber tenido una pelea que termina cuando uno de ellos sale furioso y dando un portazo. Eso no es abandono; es frustración. Todos hemos estado ahí; yo, y también usted. No es agradable, pero es real. Alejarse a veces es la mejor opción. *¡Uno lo hace para evitar un asesinato!* Todo el mundo necesita un poco de espacio, de cuando en cuando. Abandonar, sin embargo, significa un abandono permanente y voluntario de un cónyuge. Sucede con frecuencia ... sí, aun entre creyentes.

Sólo llegaré hasta aquí en esto de la deserción o abandono. Este es un buen lugar para añadir una nota de precaución; tenga mucho cuidado con lo que le añade a la Biblia. Dios está en esto del matrimonio de por vida y del hogar permanente. Nunca ha sido su intención proveer múltiples vías de escape. De nuevo, por favor, entienda que no quiero sonar cruel o injusto. A lo mejor usted está leyendo este capítulo todavía lesionado y destrozado por haber atravesado los tiempos difíciles de un matrimonio que ha estado por marchando mal por largo tiempo. Puedo apreciar lo que usted ha estado soportando; y sé que puede ser terriblemente difícil; pero a diferencia de los patos, *nosotros* podemos racionalizar cualquier conducta. El peso de la prueba le toca a usted. Asegúrese de poder fundamentar su plan respecto a su matrimonio desdichado desde una interpretación conservadora y cuidadosa de la Palabra de Dios. Esa es la ruta más segura. Usted puede esperar bendiciones en el futuro al seguir las instrucciones del Señor, y no por dejar que sus emociones dirijan sus pasos y dicten sus decisiones.

Dios a lo mejor quiere que usted se mantenga donde está para producir un resultado redentor en la vida de su cónyuge no creyente. He escuchado relatos maravillosos de cónyuges que se quedaron casados, se rehusaron a dejar de creer y orar. Al fin, después de años de intensa intercesión, con gozo presenciaron la salvación de sus cónyuges. Pero ha habido igualmente muchos casos en que ese no fue el resultado. Claramente habían sido abandonados. En esa situación, si su compañero no creyente decide irse, usted es libre de casarse con otra persona.

El comentarista R. C. H. Lenski clara y concisamente considera esta situación:

> De ese día en adelante los lazos del matrimonio han quedado rotos y permanecen así, ahora e indefinidamente. El cónyuge que abandonó los rompió. Ninguna ley ata al cónyuge no creyente …
>
> Sobra decir que el cónyuge creyente hará por bondad cristiana y persuasión todo lo posible por prevenir la ruptura; pero cuando eso fracasa el veredicto de Pablo es: ¡Eres libre!
>
> El abandono es exactamente igual que el adulterio en sus efectos. Ambos trastornan el lazo matrimonial … La esencia del matrimonio es unión. Cuando ésta se trastorna, la unión que Dios propuso que fuera permanente queda destruida, pecaminosamente destruida. Sólo hay esta diferencia en el caso del adulterio, el cónyuge inocente puede perdonar y continuar con el

matrimonio, o puede aceptar el grave resultado: la ruptura del matrimonio. En el caso de abandono, el cónyuge abandonado ya no puede continuar el matrimonio, porque ya no existe.[2]

Hace algunos años conocí a una señora muy creyente cuyo esposo la había abandonado. Él era un médico distinguido, pero era pésimo cónyuge en el matrimonio. Literalmente la abandonó. Ella tenía tres hijos pequeños, y había permanecido fielmente con él a través de tiempos difíciles sólo para que él la abandonara sin ninguna explicación.

Pasaron los años, y ella con el tiempo encontró a un hombre que había conocido en la secundaria. Él nunca se había casado, y se enamoraron. Tuve el privilegio de casarlos basado en lo que entiendo en las enseñanzas de 1 Corintios 7 acerca del abandono. Hace poco los vi, después de varios años de matrimonio, y no podían ser más felices. La bendición de Dios reposaba sobre su relación, y su futuro es brillante y su matrimonio es cálido, posiblemente más fuerte de lo que jamás ha sido. Juntos han tomado la Palabra de Dios en serio y sin avergonzarse han seguido con que Él les ha permitido.

Un nuevo matrimonio es permitido en el caso de fracaso matrimonial antes de la conversión. Este próximo caso se basa en dos versículos de 2 Corintios 5.

De manera que nosotros de aquí en adelante a nadie conocemos según la carne; y aun si a Cristo conocimos según la carne, ya no lo conocemos así. De modo que si alguno está en Cristo, nueva criatura es; las cosas viejas pasaron; he aquí todas son hechas nuevas (2 Corintios 5:16-17).

¿Recuerda cuando usted estaba espiritualmente perdido? Estos versículos son un buen recordatorio de las diferencias entre entonces y ahora. Usted tiene un nuevo comienzo en la salvación. El Salmo 103:12 dice: "Cuanto está lejos el oriente del occidente, Hizo alejar de nosotros nuestras rebeliones." Apliquemos esto a un matrimonio antes de la conversión. En un estado inconverso la persona puede seleccionar un cónyuge, casarse por razones equivocadas y el matrimonio fracasa. Algunos se casan otra vez, y luego otra ... terminando en tres o más matrimonios fracasados, cada uno terminado en divorcio. Como resultado experimentan todo el horror que acompaña esos patrones destructivos. Finalmente, estando en el abismo insondable de la desesperanza acudieron a Cristo; se convirtieron en "nuevas criaturas." La palabra griega que se traduce "nueva" en este pasaje es *kainós*, y no significa nueva en términos de tiempo, como sería en la palabra reciente, sino *nueva en forma*; nueva como en una naturaleza diferente que se contrasta con una naturaleza vieja. Cuando usted va a un salón de exhibición y compra un coche *kainós*, usted compra un auto que nadie nunca ha usado; es flamante. Cuando un individuo es llevado de muerte a vida, mediante la fe en Jesucristo, hay una creación *kainós*. Me gustan las palabras "un nuevo comienzo." Todo es nuevo, ¿no le parece magnífico? Todas las transgresiones del ayer son perdonadas y borradas. Si, TODAS.

Permítame preguntarle, ¿es el divorcio una trasgresión? No he conocido a alguien que diga que no lo es. Usted tal vez piensa que no es posible perdonar un divorcio. Entonces, si no se perdona, sería la única trasgresión que no tiene perdón, lo que francamente es ilógico. Jesús habla de un nuevo mandamiento. Pablo escribe de una *nueva* persona (Efesios 4:24). El apóstol Pedro anima a los creyentes a esperar por un *nuevo* cielo y una *nueva* tierra (2 Pedro 3:13) en el que mora toda justicia. Todos estos pasajes bíblicos usan el mismo *kainós* que se usa aquí ... una *nueva* criatura. A la luz de esto entiendo que cuando uno se convierte a Cristo uno comienza una vida nueva y fresca. Francamente, estas son de las mejores noticias que he oído en largo tiempo, ¿verdad? Ahora, créame en esto: Dios puede hacer *nuevas* todas las cosas, incluso un nuevo comienzo en el matrimonio, ofreciendo un futuro brillante en donde todo parecía lúgubre debido a un pasado destrozado. Donde abundó el pecado, sobreabundó la gracia.

ALGUNAS ADVERTENCIAS ALENTADORAS PARA TODOS LOS CASADOS, O ESPERAN CASARSE

¿Recuerda al señor y la señora Pato? Se dedicaban a su alegre ritual en nuestro patio, ajenos a los peligros que les acechaban desde los arbustos. Repito, muchas parejas de casados pueden fácilmente caer en esa clase de ingenua felicidad, ignorando los inevitables retos que les esperan. Debido a que esto es cierto, quiero concluir este capítulo indicando cuatro exhortaciones para recordar, a fin de protegerle a usted y su matrimonio de una erosión lenta que puede resultar en una muerte dolorosa.

Primero, a los solteros: ¡sean pacientes! Algunos podrán permanecer maravillosamente contentos como solteros toda la vida, mientras que otros oran, sufren y ansían un cónyuge en matrimonio. Mi exhortación es fuerte: No permita que ese deseo lo precipite a hacer un compromiso que podrían vivir para lamentar. Tómense el tiempo para escoger un cónyuge sabiamente y en oración. Quisiera poder invitar a todos los solteros impacientes a presenciar una acalorada sesión de asesoría matrimonial. ¡Usted cambiaría su tonada rápidamente! Hay muchos que están casados con cónyuges que desearían que *usted* los tuviera. A decir verdad, ¡sus cónyuges le dirían que están disponibles de inmediato! Y créanme, usted tampoco los querría. Hay algo peor que no tener un cónyuge, y es tener el cónyuge equivocado. Así que, por favor, sea paciente.

Segundo, a los casados: ¡Aprendan a contentarse! Dios es soberano. Él está obrando y será fiel para usted, sin que importe cuán desolada sea su situación.

¿Ha oído usted de Matrimonios Anónimos? Se trata de una broma que se les juega a los novios y novias que están por casarse. Al novio, Matrimonios Anónimos le envía a una vieja en una raída bata de casa, ruleros en la cabeza, y con exceso de peso evidente, que lo sigue a todas partes todo el día regañándolo, para ver si realmente quiere casarse. A la novia, le envían a un gordo peludo en camiseta, que bebe cerveza, eructa, se estaciona frente al televisor y duerme ahí desde el medio día y toda la noche. ¡Es asombrosamente eficaz!

El punto es, mantenga la realidad muy clara en su mente. En estos días la "televisión realista" distorsiona la verdad. De hecho, muy rara vez hay algo *real* en la televisión realista. No confíe en que Hollywood o los programas de televisión presenten una vista apropiada de la vida matrimonial, ¡nunca! Logramos del matrimonio exactamente lo que invertimos en él. El matrimonio no es lo que presentan en la pantalla. El contentamiento vendrá conforme Dios le da la capacidad de cambiar usted mismo, y no a su cónyuge. Así que, por favor, aprenda a contentarse.

Tercero, a los desdichados; y me refiero a usted a quien le asiste el derecho de acabar con un matrimonio y casarte otra vez: ¡Tenga cuidado! Usted es el pato más vulnerable en el estanque. Se halla justo al borde del desastre. Debido a que está tan privado de una relación cariñosa, usted es vulnerable al peligro. Así que tome sus decisiones importantes muy lentamente. Busque consejo sabio, avance con mucho cuidado, cuídese de una caída libre. Escuche bien a sus amigos creyentes de confianza. Por favor, tenga cuidado.

Cuarto, a los casados en segundas nupcias: ¡sean agradecidos … y comprensivos! Quisiera poder decirles que encontrarán aceptación dondequiera que vayan. Quisiera también poder garantizarles que toda congregación les abrirá los brazos y se alegrarán por ustedes, sonriendo en afirmación. No contengan la respiración. Eso podría suceder … o a lo mejor no. Con todo, permanezcan agradecidos al Señor por su provisión y su gracia sin igual. Hagan todo lo posible por mostrar comprensión a los que no pueden ver la mano de Dios en su felicidad. En otras palabras (¡aquí vamos otra vez!), atraviesen los tiempos difíciles del nuevo matrimonio con la mano de Cristo firmemente en la de ustedes. Él les enseñará, les usará y quizá de su interior brotará una clase diferente de ministerio que nunca soñaron que fuera posible.

Para ustedes que se han casado de nuevo, que tienen el derecho de "un nuevo comienzo," disfruten de su nueva relación. Este es el matrimonio que ustedes quieren que dure toda una vida. Cultívenlo, profundicen su amor, ¡disfruten de su nueva vida! Delante de Dios, al haberlo cultivado y trabajado duro para lograr que funcione, ustedes tienen todo derecho de disfrutar los placeres que ahora son suyos.

¿Y podría dejar unas pocas palabras para todos los creyentes? *Ejerzan extremo discernimiento*. Sean cuidadosos con el consejo que dan. No se apresuren a creer que este fulano es el señor Correcto para su amiga porque ella está tan sola. Más bien, ayúdenle con cariño a que él o ella sujeten las riendas y espere por una clara dirección de Dios … aunque esto signifique vivir una vida sin un cónyuge. Por otro lado, si una pareja ha buscado consejo espiritual y deciden que es la voluntad de Dios que se casen, tranquilícense y dejen las cosas tranquilas.

Nadie se ha muerto y lo ha dejado a usted a cargo de su mundo. Denle sus mejores deseos y un fuerte aplauso. ¿Quién sabe? Algún día *ustedes* podrían estar ahí, necesitando su comprensión y afirmación.

❦

Señor: Gracias por tu inmensa gracia en nuestras vidas … en nuestros matrimonios … en nuestros hogares. Sin tu gracia esas cosas se hubieran convertido en una gran carga. Gracias por el amor de los amigos que nos apoyaron en los tiempos difíciles, cuando siempre surgía algo. Gracias por las palabras sabias de asesores que nos ayudaron en tantas formas. Gracias por Cristo, que, siendo soltero entiende la vida del soltero mejor que nadie. Gracias por Pablo, el gran apóstol, que sin duda perdió a su esposa o tal vez sintió el aguijonazo de haber sido abandonado y que entendió ese dolor. Gracias por la verdad de la Biblia. Queremos proclamarla más alto que toda otra voz en nuestra cultura trastornada.

Da ánimo y fortaleza al que hoy tiene en sus manos este libro y necesita dirección clara, un toque fresco de tu gracia y una tonelada de tu tierna misericordia. También te pido que produzcas firme convicción en donde haga falta. Finalmente, Padre amado, que podamos darte honor, no porque tengamos que hacerlo sino porque queremos hacerlo.

Te lo pido en el nombre de Jesús, el Señor y único Salvador. Amén.

Ocho

Cuando se atraviesa los tiempos difíciles de la confrontación

"LA EXPERIENCIA ES EL MEJOR MAESTRO."[1] Probablemente usted ya ha puesto a prueba esta máxima familiar y la ha hallado digna de confianza. La experiencia ciertamente quita la insensatez y la ingenuidad de la teoría; pero ¿es esa máxima absolutamente cierta? Pienso que no. Ciertamente aprendemos haciendo; no hay duda de eso. Pero pienso que usted estará de acuerdo en que necesita otra palabra para ser una máxima precisa: "La experiencia *dirigida* es el mejor maestro."

Si usted toca algún instrumento musical, posiblemente empezó a una edad muy temprana, guiado por un maestro experimentado. Cuando yo era adolescente, mi instructor de oboe era el señor Valanni, miembro de la Orquesta Sinfónica de Houston. Al principio de cada lección semanal, que tenía lugar en nuestra casa, este talentoso maestro ensamblaba lentamente su oboe, mientras yo alistaba el mío, y entonces comenzábamos a tocar. Tocábamos apenas unas pocas notas y él exclamaba: "¡No, no, no, no, no!" Lo que en italiano significa: "¡No, no, no, no, no!" Él corregía la posición de mis dedos, corregía mi apertura de los labios, o me indicaba una mejor forma de colocar la lengua al tocar las notas. Entonces seguíamos con otros pocos compases y nuevamente nos deteníamos. Semana tras semana, todo el año, por cuarenta y cinco minutos cada vez, el señor Valanni me *guió* a una técnica de oboe más aceptable.

La brillante cirujana tiene a sus discípulos bajo su experta dirección; el imperturbable piloto guía a su joven copiloto en la precisa secuencia de preparación para despegar y aterrizar; el renombrado solista enseña a su pupilo el bello arte de una ejecución vocal impecable.

La experiencia dirigida es el mejor maestro porque añade al proceso un elemento crucial y frecuentemente incómodo: *la confrontación*. La confrontación guía al instructor de oboe que le enseña al joven estudiante cómo colocar sus labios apropiadamente sobre la doble lengüeta, a la experta cirujana que entrena a sus jóvenes colegas en el protocolo de hacer una incisión limpia, o el respetado profesional que exige repeticiones de una sección difícil de la partitura musical hasta que el joven cantante se acerca a la perfección.

Tristemente por lo general se evade la confrontación porque arrastra una connotación muy negativa. Nadie *disfruta* de una confrontación. Pienso que ya he logrado descifrar por qué es así. Se debe a que en nuestra vida nos han ofendido personas que sabían mejor cómo *afrontar* en lugar de *confrontar*; y entre lo uno y lo otro hay un mundo de diferencia. La confrontación nunca es divertida. Atravesar los tiempos difíciles de la confrontación correctamente requiere que obtengamos una sólida comprensión de la perspectiva de Dios en cuanto al proceso. Nuevamente, acudamos a la Biblia en búsqueda de esa perspectiva.

CÓMO ADQUIRIR UNA COMPRENSIÓN DE LA
CONFRONTACIÓN BÍBLICA

Es interesante que la palabra *confrontación* no aparezca en la Biblia; sin embargo el concepto corre como hebra en todo el relato bíblico. De hecho, encontré por lo menos cinco sinónimos en el Antiguo y Nuevo Testamentos que arrojan luz sobre esta idea. Para ayudarnos a comenzar en la misma página, demos un vistazo a las primeras cuatro que se encuentran en el libro de Proverbios.

Reprensión

> Camino a la vida es guardar la instrucción;
> Pero quien desecha la reprensión, yerra (Proverbios 10:17).

> El que ama la instrucción ama la sabiduría;
> Mas el que aborrece la reprensión es ignorante (Proverbios 12:1).

Nadie disfruta una reprensión fuerte; pero de vez en cuando realmente la necesitamos, especialmente cuando viene de Dios o de alguien que no sólo tiene autoridad para hacerlo, sino que también nos ama y que tiene en cuenta nuestros mejores intereses. Mucho provecho puede resultar de ella. De hecho, Proverbios 13:18 enseña: "Pobreza y vergüenza tendrá el que menosprecia el consejo; mas el que guarda la corrección recibirá honra."

El segundo sinónimo es "regaño," que es un poco más fuerte que reprensión, pero que lleva la idea de confrontación dirigida.

111

Regaño

> Cala más un regaño en el entendido
> que cien azotes en el necio (Proverbios 17:10, VP).

Azote a un necio día tras día, mes tras mes, y logrará poco o ningún resultado. Pero para el que tiene un espíritu entendido y dispuesto a aprender, un regaño con tacto es suficiente.

El tercer sinónimo es "herida"

Herida

> Fieles son las heridas del que ama;
> pero importunos los besos del que aborrece (Proverbios 27:6).

La confrontación puede ser una experiencia que *hiere*; duele muy adentro y profundo, y aguijonea. Pero cuando el que confronta es un amigo que realmente nos conoce y ama, los beneficios son reales y duraderos.

De paso, no todos merecen el derecho de herirnos ... sólo un amigo íntimo y de confianza; alguien como un mentor. Sin embargo algunos (especialmente otros creyentes) creen que poseen "el don de la confrontación." Los legalistas son dados de manera especial a esta forma de pensar, y regularmente son una afrenta para otros. Utilizan versículos de la Biblia para apoyar su conducta cáustica y dañina. Usted y yo estamos mucho más abiertos a que nos confronte alguien en quien confiamos, que nos ama y se preocupa por nosotros. Por eso la mejor confrontación tiene lugar temprano entre un padre o madre y su hijo o hija. Cuán esencial es la confrontación dirigida durante los años de crecimiento. Qué poco sabios son los padres que no confrontan. Las instrucciones de amor y llenas de gracia provocadas por las *heridas* de un padre fiel son confiables y duraderas.

Un cuarto sinónimo es "corrección."

Corrección

Corrige a tu hijo, y te dará descanso,
Y dará alegría a tu alma (Proverbios 29:17).

"Corrección" también incluye la idea de una confrontación destinada a mejorar el carácter de uno. Es la idea de rescatar a alguien del camino equivocado y colocarlo en el correcto.

Finalmente, la palabra "disciplina" es a menudo sinónimo de "confrontación." Para dar un vistazo más de cerca a esa palabra, necesitamos pasar de Proverbios al libro de Hebreos en el Nuevo Testamento.

Disciplina

Si soportáis la disciplina, Dios os trata como a hijos; porque ¿qué hijo es aquel a quien el padre no disciplina? Pero si se os deja sin disciplina, de la cual todos han sido participantes, entonces sois bastardos, y no hijos (Hebreos 12:7-8).

Es verdad que ninguna disciplina al presente parece ser causa de gozo, sino de tristeza; pero después da fruto apacible de justicia a los que en ella han sido ejercitados (v. 11).

Represión, regaño, herida, corrección, disciplina; todos esos son términos llenos de significado. Contrario a la opinión popular, la confrontación es un arte que se debe aprender y refinar. Afrentar es un método rápido y sucio, un ataque. Brota con facilidad, especialmente cuando la cólera se enciende. Abunda la gente mordaz, criticona e hiriente. A lo mejor usted es uno de esos individuos que tendría que confesar: "No necesito lecciones de cómo despedazar a la gente; lo hago dormido; muéstreme algo que deba aprender." Si ese es usted, necesita lidiar con esto más que cualquier otro, porque usted no está confrontando; está atacando. Dicho francamente, eso es ultraje y abuso.

Este es el tipo de malentendido que espero aclarar en este capítulo. Basta de lo negativo.

Lo que la confrontación significa

Tomadas en conjunto, todas esas palabras bíblicas nos ayudan a enfocar lo que debe ser la verdadera confrontación. Así es como yo definiría en pastilla la confrontación: *confrontación es decirle la verdad en un encuentro personal, cara a cara, a alguien que amamos, respecto a un asunto que necesita atención o corrección.*

Permítame repetirlo, el objetivo de la confrontación no es atacar ni ofender. Esto último es un método controlador, tipo rey espiritual de la montaña, y nunca sirve. No, la confrontación está diseñada para definir un asunto de preocupación con la esperanza de provocar un cambio necesario con tacto y amor.

Cómo funciona lu confrontación

Atravesar los tiempos difíciles de la confrontación requiere de pensamiento deliberado. Al pensar acerca del proceso llegué a cuatro principios guías que explican lo que yo pienso que la Biblia afirma.

Primero, indique el asunto con tacto y directamente. Rara vez la confrontación se hace de manera indirecta, y mucho menos en público. Tiene que haber una comunicación clara e inteligente, expresada con firmeza pero también con cortesía.

Segundo, provea ejemplos; sin exageración ni mucha emoción. Los ejemplos se indican para demostrar un punto. Algo ha estado sucediéndose y no puede continuar, por ciertas razones que se deben indicar. Indique las cosas que demuestran que no ha ocurrido ningún cambio y entonces dé ejemplos específicos. Tenga cuidado de mantener sus emociones bajo control. Permita suficiente tiempo entre la ofensa y la confrontación para desactivar en oración cualquier enfado, amargura y frustración que usted tal vez sienta.

Tercero, sugiera un plan de acción. No deje al individuo que acaba de confrontar para que arda y se consuma sin ofrecerle una dirección clara de cómo puede mejorar. Eso no es constructivo y puede conducir a asuntos más intensos y complicaciones indeseables. El mejor método es sencillamente identificar el problema y entonces con calma sugerir formas en que se lo puede corregir.

Finalmente, muestre compasión y comprensión. ¡No se pierda esta parte! Si lo hace, se encontrará más bien acusando antes que confrontando. Compasión, interés, cuidado y amor son ingredientes esenciales para una confrontación exitosa.

Esas virtudes se entienden más fácilmente cuando las vemos en acción; así que volvamos al Maestro, que toda su vida tuvo que atravesar regularmente los momentos difíciles de la confrontación. Para Él también ¡si no era una cosa, era otra! Sólo que en este caso fue Pedro quien de rutina necesitó la firme confrontación de Cristo, lo que incluyó una serie de intervenciones que a la larga formaron en Pedro una fe fuerte y resistente.

Jesús y Pedro: La confrontación bíblica en acción

Conforme Jesús se acercaba a la sombra de la cruz sus episodios de confrontaciones aumentaron y se intensificaron. Tres pasajes describen sus encuentros con Pedro, a quien Él amaba profundamente y que repetidamente expresó devoción a su Maestro. En cada escena vemos a Jesús esculpiendo hábilmente y con amor el carácter de Pedro, "llevándolo de un ser un discípulo rústico y en bruto hasta ser una piedra perfectamente tallada para el cimiento de la iglesia."²

Cuándo confrontar: Mateo 16:21-23

En la primera escena la sombra de la cruz se cierne sobre Jesús y también sobre sus discípulos "Desde entonces comenzó Jesús a declarar a sus discípulos que le era necesario ir a Jerusalén y padecer mucho de los ancianos, de los principales sacerdotes y de los escribas; y ser muerto, y resucitar al tercer día" (Mateo 16:21).

Los discípulos estaban esperando que Jesús estableciera un reino terrenal, un reino literal que los libraría del poder y opresión del gobierno de Roma. Cristo, el Ungido, vencería; y por lo tanto, la idea de un Mesías sufriente nunca cruzó por sus mentes. En lugar de abrazar un concepto así, ellos querían protegerlo de eso. Pedro, frecuentemente rápido para decir lo primero que se le ocurría, "puso su brazo protector alrededor de Jesús, como para impedirle que siga una ruta suicida."³ Mateo escribe: "Entonces Pedro, tomándolo aparte, comenzó a reconvenirle, diciendo: Señor, ten compasión de ti; en ninguna manera esto te acontezca" (v. 22).

Me alegro mucho porque Dios ya no está grabando Escrituras, porque si lo estuviera haciendo, la mayoría de nosotros estaríamos en sus páginas, haciendo muchas de las mismas cosas que Pedro hizo. El celoso discípulo pensó que tenía los mejores intereses de Jesús en su corazón, pero tenía la perspectiva equivocada y terminó como dice el refrán popular, metiendo la pata. Su pensamiento estaba 180 grados fuera de curso. Jesús no perdió tiempo *ni* palabras para confrontar a Pedro y su entendimiento defectuoso, "Pero él, volviéndose, dijo a Pedro: ¡Quítate de delante de mí, Satanás!; me eres tropiezo, porque no pones la mira en las cosas de Dios, sino en las de los hombres" (v. 23).

¡Hablando de un regaño fuerte! Debe haberle penetrado hasta lo más hondo, porque Pedro no contesta nada. Me gusta pensar que lo único que a lo mejor se podía oír era la quijada del aturdido discípulo golpeándole su fornido pecho. Imagínese que está convencido de su ardor por Cristo y de pronto se da cuenta de que es la boca del adversario. Como Pedro, a menudo no sabemos que estamos equivocados sino cuando alguien que se interesa en nosotros lo suficiente nos confronta. Momentos antes Jesús se había referido a Pedro como la roca sobre la que Él edificaría su iglesia (v. 18); minutos más tarde la roca revelaría una obvia grieta, al convertirse en el vocero de Satanás.

"En ninguna manera esto te acontezca." "¡Quítate de delante de mí, Satanás!" Palabras fuertes en poderosa yuxtaposición ... de dos que no podían haber sido amigos más íntimos. Nadie jamás amó a Pedro más que el Salvador; nadie jamás vio más potencial en Pedro que Jesús; y por eso lo amó lo suficiente como para confrontarlo.

En esta penetrante escena veo dos respuestas a la pregunta de *cuándo confrontar*. Primero, debemos confrontar a la persona cuando se convierte en piedra de tropiezo para nosotros u otras personas, y ciertamente para el evangelio. Segundo, debemos confrontar cuando la persona tiene sus propios intereses en mente, en vez de los de Dios. Ambas situaciones merecen una confrontación.

Permítame darle un breve consejo sin costo adicional. En su círculo de amigos, asegúrese de tener unos pocos que se preocupan menos por su comodidad que por su carácter. A la mayoría de nosotros nos gusta rodearnos de amigos que nos hacen sentir bien; y es fácil hallar tales amigos. Es más difícil encontrar y conservar a los que están dispuestos a hacer a un lado nuestra comodidad por el bien de nuestro carácter, confrontándonos cuando estamos equivocados. Unos pocos de esos amigos son invaluables.

Por qué confrontar: Lucas 22:31-34

La segunda escena es de magnitud incluso mayor que la primera, porque estamos más cerca de la cruz. La muerte de Jesús es inminente y la obra del enemigo se ha intensificado. En la intimidad del aposento alto, Jesús acaba de terminar una dramática lección acerca de lo que significa de ser siervo al lavarles los pies a los discípulos. Sin embargo, lo que dijo después debió haber enviado más olas de sorpresa por el salón cuando Él se dirigió de nuevo a Pedro: "Simón, Simón, he aquí Satanás os ha pedido para zarandearos como a trigo; pero yo he rogado por ti, que tu fe no falte; y tú, una vez vuelto, confirma a tus hermanos" (Lucas 22:31-32).

No se apresure demasiado a dejar esto atrás. ¿Puede imaginarse lo que sería ser seleccionado en particular frente a sus compañeros y que le digan que Satanás tiene un plan específico para usted? Literalmente Jesús le dijo: "Satanás ha suplicado intensamente por ti." En otras palabras: "Satanás quiere tenerte para sí. ¡Quiere tenerte a ti!" ¿Qué está diciendo? "Pedro: Estás en la mira del demonio."

¿Piensa usted que esto todavía sucede? ¿Piensa usted que los demonios de Satanás están tramando destruir, o al menos deshabilitar espiritualmente a gente importante de la familia de Dios? Incuestionablemente. ¡No lo dude ni un minuto! Felizmente el Salvador todavía ora por nosotros (Juan 17:15; 1 Juan 2:1). Él ora consistentemente por nuestra preservación y nuestra fortaleza. Hay pocas palabras más aleccionadoras en toda la Biblia que "Satanás ha suplicado encarecidamente zarandearlos como a trigo."

Jesús tenía a todos sus discípulos en mente cuando usó el pronombre plural "ustedes." Cuando uno se detiene a pensarlo, Él nos incluyó a usted y a mí también. Seremos sabios si recordamos esta escena cuando tenemos la tentación de salir solos sin la protección de Cristo. No hay nada que a Satanás le guste más que el que alguno de nosotros desarrolle una excesiva autosuficiencia.

Él se alegra cuando nos ve haciendo nuestras cosas independientemente. Allí es cuando somos más vulnerables; y esa es la misma trampa en la que Pedro había caído. No damos cuenta de su vulnerabilidad cuando leemos la respuesta de Pedro a las palabras de Jesús: "Señor, dispuesto estoy a ir contigo no sólo a la cárcel, sino también a la muerte" (Lucas 22:33).

En otras palabras: "Señor, ¡que venga! Yo puedo vérmelas con *cualquier cosa* … una sentencia de cárcel o hasta de muerte. Yo soy tu hombre."

Una de las técnicas más efectivas del adversario es esperar hasta que detecta en nosotros el más leve indicio de exceso de confianza, y eso para no mencionar la arrogancia; y allí es cuando lanza sus ataques. Cuando oigo a alguien hablar de otro que ha caído en algún horrible hoyo de pecado y dice: "¡Yo nunca haría algo así!" me estremezco. En ese momento esa persona es más vulnerable. Así lo estaba Pedro.

No sorprende que Jesús confrontó la santurrona fanfarronada de Pedro: "Pedro, te digo que el gallo no cantará hoy antes que tú niegues tres veces que me conoces" (v. 34). Sólo por la gracia y el poder de Dios podemos resistir protegidos contra los ataques de Satanás.

Esta escena nos ayuda a entender *por qué confrontamos*. Nuevamente puedo ver dos razones.

Primero, confrontamos para fortalecer aspectos de vulnerabilidad. Segundo, confrontamos para reducir el exceso de confianza; para advertir en cuanto a puntos ciegos. Confrontar a los que amamos ayuda a protegerlos de los ataques siniestros de Satanás, así como de su propio y destructivo exceso de confianza.

Cómo confrontar: Lucas 22:47-62

La escena final inicia la noche anterior a la agonía y muerte de Cristo; para ser más precisos, es la madrugada de ese día fatídico.

Los discípulos han tenido su última cena con Jesús. Cristo ha soportado una angustiosa vigilia en el huerto de Getsemaní. Pronto la turba surge de las sombras, con sus antorchas que titilan entre las sombras de los olivos. Judas, el traidor albergando homicidio en su corazón, encabeza el desfile. Los discípulos que están con Jesús se indignan cada vez más y tratan de defenderlo: "Viendo los que estaban con él lo que había de acontecer, le dijeron: Señor, ¿heriremos a espada? Y uno de ellos hirió a un siervo del sumo sacerdote, y le cortó la oreja derecha" (Lucas 22:49-50).

¿Le interesaría saber la identidad del agresor que con espada en mano ataca al criado en defensa de Cristo? Lucas no nos da su nombre, pero Juan lo hace. Usted tiene razón: Pedro, el impetuoso, ataca otra vez (Juan 18:10). Jesús de inmediato tomó control de la situación, y al hacerlo confrontó al exageradamente agresivo discípulo "Basta ya; dejad. Y tocando su oreja, le sanó" (Lucas 22:51).

Después de confrontar a Pedro, Jesús dirigió su atención para lidiar con la venenosa bandada de dirigentes religiosos que estaban listos para arrestarlo:

Y Jesús dijo a los principales sacerdotes, a los jefes de la guardia del templo y a los ancianos, que habían venido contra él: ¿Como contra un ladrón habéis salido con espadas y palos? Habiendo estado con vosotros cada día en el templo, no extendisteis las manos contra mí; mas esta es vuestra hora, y la potestad de las tinieblas (vv. 52-53).

Ignorando la provocativa pregunta de Jesús y su postura de confrontación directa, los infernales acusadores lo arrestaron y lo arrastraron hasta la casa del sumo sacerdote. A corta distancia, en las sombras detrás de ellos, se agazapaba un Pedro asustado y vacilante; anteriormente rebosando confianza y presunción en su lealtad, y ahora temiendo por su propia vida. Escurriéndose entre las sombras grises del amanecer, el fornido e impetuoso pescador de Galilea hizo lo que había jurado que no haría: negó a su Señor cuando se vio presionado a revelar su identidad (vv. 54-60). No una vez, ni dos, sino tres veces; exactamente como Jesús lo predijo horas antes. En ese momento Pedro oyó al gallo cantar, y al instante su vista se cruzó con la mirada del Maestro, al que había negado tres veces. Lucas escribe: "Entonces, vuelto el Señor, miró a Pedro; y Pedro se acordó de la palabra del Señor, que le había dicho: Antes que el gallo cante, me negarás tres veces. Y Pedro, saliendo fuera, lloró amargamente" (vv. 61-62).

Observando esas extraordinarias escenas, hallo cuatro métodos de confrontación que Jesús usó para corregir a Pedro y sus acusadores. Estos métodos están disponibles para nosotros también.

- Un mandato directo y firme: "Basta ya; dejad" (v. 51).
- Una pregunta que hace pensar: "¿Como contra un ladrón habéis salido con espadas y palos?" (v. 52).
- Una declaración analítica bien expresada: "Habiendo estado con vosotros cada día en el templo, no extendisteis las manos contra mí; mas esta es vuestra hora, y la potestad de las tinieblas" (v. 53).
- Una simple mirada: "Entonces, vuelto el Señor, miró a Pedro; y Pedro se acordó de la palabra del Señor, que le había dicho" (v. 61).

LA PRÓXIMA VEZ QUE USTED TENGA QUE CONFRONTAR

Atravesar los tiempos difíciles de la confrontación a menudo significa resistir la tentación de enfocar nuestras propias necesidades, en lugar de pensar en las de la persona a la que debemos confrontar. De hecho, como ya lo he señalado en páginas anteriores, la preocupación por las necesidades de otros debe ser la base de toda confrontación. David Augsburger, en su libro *Caring Enough to Confront* [Preocupado lo suficiente como para confrontar], que ha ayudado a tantos, se refiere al proceso de la confrontación como "preocufrontación." Me gusta esa expresión. Él también describe cuatro métodos egocéntricos al proceso de la confrontación que usted y yo debemos evitar a toda costa.

Primero, hay un método agresivo de "Me las vas a pagar." Ese método lleva grandes cantidades de venganza y desprecio por el ofensor. Segundo, hay el método asustado: "Mejor me escapo." La frustración y amargura no resuelta es lo único que nos espera al final de ese callejón sin salida. Tercero, hay el método rodapié: "Me rindo." No hay nada saludable en este método, porque solo demuestra falta de resolución y determinación. Cuarto, el método del acomodo: "Nos vemos a medio camino," que suena noble pero que por lo general no resuelve nada.[4]

Firmemente le insto a que siga el ejemplo de Jesús, que con amor pero firmemente realizó cada confrontación con resolución apropiada. Nunca se cohibió de la verdad, y siempre procuró atender las necesidades de los que estaban más cerca de Él. De su ejemplo hallo tres cosas esenciales de lo que podríamos llamar confrontaciones que afirman a la gente y honran a Dios.

Primero, usted debe estar seguro. Asegúrese de que hay una buena razón para confrontar a otro individuo, ya que las confrontaciones deben ser sucesos poco frecuentes. Usted no debe disfrutar de la experiencia. Si halla que lo hace, preocúpese lo suficiente como para dejar de hacerlo al instante y examinar sus motivos.

Segundo, sea específico. Sea específico en cuanto al propósito de la confrontación. No deje esto a la especulación. Ser impreciso conduce a un resultado incierto, sin que importe cuán amables o corteses sean sus palabras. Asegúrese de saber la razón que da base para la confrontación, y aclare esa razón a la persona que confronta. Expóngala con concisión y precisión.

Tercero, sea sensible. Cada situación es diferente. Un largo tiempo de oración examinando su propia alma debe preceder a cualquier confrontación cara a cara. Sin esa disciplina de reflexión usted se expone a un ataque del enemigo. Además, la persona a la que confrontará percibirá inseguridad y vacilación en sus palabras; así que, no corra ese riesgo. Si no ha tenido tiempo para orar y buscar consejo santo en el asunto, no proceda; no se lance por cuenta propia. He visto ese método tipo pistolero a lo Clint Eastwood, "Adelante, alegra mi día," demasiadas veces como para contarlas. En cada ocasión todo lo que ha quedado es un reguero sangriento de almas heridas.

Este es un buen momento para añadir: asegúrese de que el método que escoge se ajusta a las necesidades de la otra persona, manteniendo bajo control su propia agenda personal. ¡Nada de la confrontación tiene que ver con usted! Preste atención al momento, escoja sus palabras cuidadosamente; y, por cierto, ore fervientemente.

Atravesar los tiempos difíciles de la confrontación no es fácil ni sencillo, especialmente cuando significa tener que presentarle un reto a alguien a quien usted realmente ama. Pero si amamos a alguien tan profundamente como Cristo amó a Pedro, no nos amilanaremos. Amaremos lo suficiente como para confrontar.

Nueve

Cuando se atraviesa los tiempos difíciles del dolor

¿VIO USTED LA PELÍCULA *La pasión de Cristo* de Mel Gibson? Es como ninguna otra que yo haya visto. Detalla el horroroso dolor y angustia que Jesús sufrió en sus últimas horas de vida terrenal. A la fecha, millones alrededor del mundo se han conmovido más allá de las palabras por la descripción gráfica de esa violenta y estremecedora tortura. Personas de toda edad, cultura y raza han contemplado en la pantalla alarmados e incrédulos las vívidas escenas de la historia sagrada, cada vez más sangrienta e intensa. La película ha desatado una controversia que no tiene precedentes en la historia reciente; pero ¿por qué? ¿Por qué un estremecimiento como este por un relato que se ha contado por siglos? ¿Por qué tanto furor por la violenta interpretación de Gibson de los días finales de Cristo?

Yo contestaría: *Porque la película describe y respalda a la Palabra revelada de Dios.*

Muchos prefieren pensar de Jesús como un individuo manso, noble y humilde de corazón. Hallan tranquilo reposo en el amante Pastor de Israel, que sonríe a los niños, sana a los enfermos, da de comer a los hambrientos, y habla dulcemente de un reino que no es de este mundo. Muy pocos quieren ir más allá. Se resisten a abrazar su inconcebible dolor, su cruenta humillación que culminó en una muerte horrible a manos de hombres injustos dados a lanzar palabrotas, a la crueldad, a la tortura y al asesinato. Nadie quiere quedarse mucho rato en una maldad tan vil.

Sin embargo así es precisamente cómo las Escrituras describen a Jesús: "varón de dolores, experimentado en quebranto" (Isaías 53:3).

La Biblia abunda en retratos más atractivos y agradables del Salvador. Son los nombres que nos gusta que salgan de nuestros labios en cantos y devociones: Príncipe de Paz, Señor de señores, el Buen Pastor, el Médico Divino, la Estrella de la Mañana, León de Judá, Cordero de Dios.

Pero, ¿*Varón de Dolores?* Eso no suena como alguien de quien quisiéramos estar cerca, ¿verdad? sino hasta que nos encontramos en la encrucijada de los tiempos difíciles del dolor. Envueltos en un mundo de sufrimiento, destrozados por los golpes brutales de la vida, descubrimos que Él es todo lo que necesitamos.

CÓMO LLEGAR A UN ENTENDIMIENTO DEL DOLOR

Mucho antes que Mel Gibson siquiera pensara en hacer una película que enfoca dramáticamente la pasión de Cristo, el profeta Isaías escribió su libreto original. Serviría de base al drama que se desarrolló cerca de ocho siglos más tarde. Isaías escribió, bajo la inspiración del Espíritu Santo, acerca del Mesías prometido de Dios, Aquel que por sobre todos los demás entiende su dolor y el mío, el Varón de Dolores.

En lo que se relaciona a la vida de Jesús

Normalmente no pensamos del Mesías en términos de debilidad, tristeza, profundo dolor y aflicción; y sin embargo Isaías lo describe precisamente de esa manera, usando casi cada sinónimo disponible para el sufrimiento. Lea lentamente y pensando la penetrante profecía del antiguo profeta.

> Despreciado y desechado entre los hombres, varón de dolores, experimentado en quebranto; y como que escondimos de él el rostro, fue menospreciado, y no lo estimamos.
>
> Ciertamente llevó él nuestras enfermedades, y sufrió nuestros dolores; y nosotros le tuvimos por azotado, por herido de Dios y abatido. Mas él herido fue por nuestras rebeliones, molido por nuestros pecados; el castigo de nuestra paz fue sobre él, y por su llaga fuimos nosotros curados (Isaías 53:3-5).
>
> Angustiado él, y afligido, no abrió su boca; como cordero fue llevado al matadero; y como oveja delante de sus trasquiladores, enmudeció, y no abrió su boca (v. 7).
>
> Con todo eso, Jehová quiso quebrantarlo, sujetándole a padecimiento ... Verá el fruto de la aflicción de su alma, y quedará satisfecho; por su conocimiento justificará mi siervo justo a muchos, y llevará las iniquidades de ellos (vv. 10-11).

Eso no me suena como un Mesías pusilánime, ¿verdad? No, Jesús resistió, y por lo tanto Él entiende la profundidad del dolor y sufrimiento humano. Mire de nuevo la lista de palabras de Isaías: despreciado, dolores, quebranto, abatido, herido, molido, angustiado, menospreciado, como cordero fue llevado al matadero. En esta época diríamos: Él ha estado ahí … y lo ha hecho; aunque no nos guste pensar en eso. Queremos pensar del Mesías como un triunfador, no un perdedor; queremos verlo en ropajes blancos viniendo en un caballo blanco; queremos que sea vencedor y victorioso; pero esa no es la forma en que Él predijo que sucedería.

El escritor del libro de los Hebreos en el Nuevo Testamento aborda este tema del sufrimiento de Cristo cuando escribe: "Y Cristo, en los días de su carne, ofreciendo ruegos y súplicas con gran clamor y lágrimas al que le podía librar de la muerte, fue oído a causa de su temor reverente" (Hebreos 5:7). Encuentro que esto es un pensamiento asombrosamente reconfortante. El Hijo de Dios, en toda su deidad, siendo también completamente humano, sintió el aguijonazo de la muerte inminente y clamó a su Padre celestial pidiendo consuelo y ayuda.

Deténgase un momento y piense en lo que acaba de leer. Todo esto tiene que ver con el dolor, esa corta palabra de la que hacemos todo lo posible por escapar. Pero Jesús deliberadamente no escogió esa ruta. Él aceptó el dolor, lo soportó y lo abrazó. El diccionario inglés Webster define el dolor físico como "una sensación corporal básica inducida por un estímulo nocivo, recibida por las terminales desnudas de los nervios, caracterizada por incomodidad física … angustia mental o tensión emocional."[1] Jesús conoció ese dolor físico y emocional, como lo descubriremos en las páginas que siguen. Siendo el Varón de Dolores que fue, Él entiende y se identifica con nuestras luchas y heridas más profundas.

Si hay alguien a quien usted pueda encontrar en su dolor, lo ha hallado en el *Varón de Dolores* del profeta Isaías.

En lo que se relaciona a nuestras vidas

Usted y yo entramos a este mundo gritando. Los médicos nos dicen que uno de los primeros indicios de pulmones buenos y saludables en los recién nacidos es ese primer grito penetrante. Ese nene diminuto cuyo cuerpo acaba de atravesar un estrecho canal de nacimiento berrea de dolor cuando deja la tibieza del vientre y emerge con un empujón al mundo frío y cruel; un mundo de dolor.

Desde el momento en que nacemos hasta el suspiro final, el dolor es nuestro compañero, aunque preferiríamos abandonarlo. Con todo, el dolor tiene sus beneficios. Por ejemplo, físicamente el dolor señala problemas que no podemos ver, y ayuda a madres cariñosas y médicos a ubicar el problema. Personalmente, tal como Cristo, aprendemos obediencia por las cosas que sufrimos (Hebreos 5:8). Espiritualmente, el dolor de la adversidad nos ayuda a crecer y a madurar como personas de fe (Santiago 1:2-4).

En su sesuda obra *When Is God When It Hurts (¿Dónde está Dios cuando se sufre?)* Philip Yancey escribe:

Nunca he leído un poema exaltando las virtudes del dolor, ni he visto una estatua erigida en su honor, ni tampoco he oído algún himno dedicado a él. Al dolor por lo general se le define como "desagradable."

Los creyentes realmente no saben cómo interpretar el dolor. Si se los acorrala contra la pared, en algún momento secreto en la oscuridad muchos creyentes probablemente admitirían que el dolor fue el único error de Dios, Él realmente debería haber trabajado un poco más e inventado una mejor manera para que nos las veamos con los peligros del mundo.

Estoy convencido de que al dolor se le da mala acogida. Tal vez deberíamos ver estatuas, himnos y poemas dedicados al dolor. ¿Por qué pienso eso? Porque observado de cerca, bajo el microscopio, la red del dolor se ve de manera completamente diferente. Tal vez sea el modelo ejemplar del genio creativo.[2]

El dolor emocional o mental no es tan objetivo. Casi siempre acertado, C. S. Lewis añade este comentario: "El dolor mental es menos dramático que el dolor físico, pero es más común y difícil de sobrellevar. Es más fácil decir 'Me duele una muela,' que decir 'Tengo el corazón destrozado.' Algunas veces, sin embargo, persiste y su efecto es devastador."[3]

¡Me encanta esa cita! En otras palabras, ya es duro lo suficiente ir al dentista cuando tengo diente cariado; pero, ¿a dónde voy cuando tengo roto el corazón? Pienso que la respuesta no es tan difícil: vamos a Jesús, el Varón de Dolores, experimentado en quebranto, que entiende nuestra aflicción y dolor. El dolor tiene su manera de hacernos volver al Salvador. Eso lo hace esencial para nuestro crecimiento y bienestar espiritual. Si usted se está sintiendo despreciado, olvidado, rechazado, molido o afligido, Jesús entiende (Hebreos 4:15). ¿Hasta qué grado entiende Él?

Para contestar esa pregunta, volvamos a visitar las horas finales de la vida de Jesús y echemos un vistazo de cerca a las categorías de dolor que él sufrió.

El dolor del Getsemaní y la angustia de la cruz

Al comienzo del ministerio de Cristo, Juan el Bautista lo señaló y dijo: "He aquí el Cordero de Dios, que quita el pecado del mundo" (Juan 1:29). Muchas veces me he imaginado el contundente sentido de horror que esas palabras deben haber enviado al alma de Cristo, sabiendo que un día Él sería el "Cordero llevado al matadero." Con todo, su sufrimiento físico fue sólo una porción de la copa de sufrimiento que Él tendría que tomar.

Dolor de relaciones personales

Mateo 26:30 dice que Jesús y sus discípulos acababan de celebrar su última cena juntos, la que culminaron cantando un himno. Ese debe haber sido un momento extremadamente emotivo para el Salvador, mientras reflexionaba en la torturante angustia que soportaría, y en los que se vería forzado a dejar atrás. Los hombres con los que había pasado los últimos meses no sabían nada de lo que pronto se desarrollaría; pero Jesús sabía lo que le esperaba desde ese momento hasta la misma cruz. Si alguna vez hubo un momento en que Él necesitaba el fuerte respaldo de sus amigos más íntimos, fue durante esas ominosas horas en el Getsemaní.

> Entonces llegó Jesús con ellos a un lugar que se llama Getsemaní, y dijo a sus discípulos: Sentaos aquí, entre tanto que voy allí y oro. Y tomando a Pedro, y a los dos hijos de Zebedeo, comenzó a entristecerse y a angustiarse en gran manera. Entonces Jesús les dijo: Mi alma está muy triste, hasta la muerte; quedaos aquí, y velad conmigo (Mateo 26:36-38).

Getsemaní. La palabra significa "prensa de aceite." Simbólicamente es fácil entender cómo ese lugar representa los lugares de dolor profundo y opresivo, y de agonía mental. Cada uno de nosotros tiene que soportar su propio Getsemaní. Tal vez usted se encuentra hoy mismo en lo más profundo del suyo; o tal vez no, porque para usted tal vez esté en el futuro. Tal vez usted atravesó alguno, y antes de que pudiera recobrar el aliento ya se vio en otro. ¡Si no es una cosa, es otra! Es en esos momentos que tener unos cuantos amigos íntimos significa mucho. Nos apoyamos en ellos y de su amistad derivamos fuerza.

En una de las escenas más íntimas de la vida de Jesús, Mateo escribe que el Salvador invitó a sus amigos más íntimos a acompañarle como una fuente inmediata de respaldo y ánimo. "Yendo un poco adelante, se postró sobre su rostro, orando y diciendo: Padre mío, si es posible, pase de mí esta copa; pero no sea como yo quiero, sino como tú" (v. 39). El dolor de Cristo fue tan intenso que le rogó al Padre alguna salida. No se apresure a pasar de esto. En el Evangelio de Lucas se nos dice que Jesús oró con tanta intensidad que su sudor era "como grandes gotas de sangre" que brotaban de su frente y caían al suelo (Lucas 22:44).

Empapado en la agonía del dolor, Jesús volvió a donde estaban sus discípulos con la esperanza de hallar algo del estímulo que necesitaba. Pero en ese momento, cuando más los necesitaba, sus discípulos le fallaron miserablemente. Lea cuidadosamente esta tierna escena que produce convicción, y permita que las palabras de Mateo le toquen profundamente. Permita que le partan el corazón.

> Vino luego a sus discípulos, y los halló durmiendo, y dijo a Pedro: ¿Así que no habéis podido velar conmigo una hora? Velad y orad, para que no entréis en tentación; el espíritu a la verdad está dispuesto, pero la carne es débil. Otra vez fue, y oró por segunda vez, diciendo: Padre mío, si no puede pasar de mí esta copa sin que yo la beba, hágase tu voluntad. Vino otra vez y los halló durmiendo, porque los ojos de ellos estaban cargados de sueño. Y dejándolos, se fue de nuevo, y oró por tercera vez, diciendo las mismas palabras. Entonces vino a sus discípulos y les dijo: Dormid ya, y descansad. He aquí ha llegado la hora, y el Hijo del Hombre es entregado en manos de pecadores. Levantaos, vamos; ved, se acerca el que me entrega (Mateo 26:40-46).

Cada vez que Jesús volvió a sus amigos, ellos estaban durmiendo sobre el pasto. Qué escena tan patética. Para empeorar las cosas, como lo vimos en el capítulo anterior, uno de sus compañeros más íntimos estaba listo para traicionarlo públicamente. Jesús se arrodilló en el Getsemaní, quebrantado de espíritu y traicionado, angustiado de alma y afligido, sin poder contar con el consuelo de aquellos a quienes había servido de mentor durante tres años. Verdaderamente solo, Él ahora experimentaba el profundo dolor relacional de amistades que fallan y pronto sentiría el beso del traidor.

No hay lugar más solitario que el propio Getsemaní de uno. Los grupos de apoyo son grandiosos; creo en ellos y los fomento en nuestra iglesia; pero hay Getsemaníes personales que uno debe atravesar completamente solo. Usted siempre sentirá una profunda soledad cuando atraviesa los tiempos difíciles del dolor. Allí es donde Cristo estará. Sus mejores amigos a lo mejor le fallan. Algunos tratarán de entender, pero a menudo no pueden. Unos pocos, francamente, se olvidarán de usted; y otros a lo mejor se vuelven en su contra. En la agonía de su necesidad de apoyo relacional encontrará en Cristo *todo lo que necesita*. En esos momentos hallará que Él es más cercano que un hermano. Lo sé. Él me ha encontrado en mis propios Getsemaníes, y lo hará de nuevo, vez tras vez, tras vez.

Dolor interno

David Garner, un buen amigo y anteriormente colega en el personal de ministros de nuestra iglesia, ha pasado años asesorando a personas de corazón destrozado. Él indica una rara noción de la realidad del dolor interno al observar: "El conocimiento no arregla automáticamente los sentimientos." ¿No le parece una excelente observación?

A pesar de que Jesús toda su vida sabía que sufriría una muerte horrible en la cruz, tal conocimiento no le quitó la agonía interna que soportó cuando llegó la hora cero.

Por treinta y tres años Jesús sabía que la copa de sufrimiento llegaría. Saber todo eso no alivió sus sentimientos de intenso dolor. Cuando el peso completo cayó sobre Él en el Getsemaní, Él clamó pidiendo alivio.

Aquí hay una lección vital para todos nosotros: nunca somos más presuntuosos que cuando tratamos de decirle a los que sufren lo que nosotros pensamos *que deberían sentir* en medio de su angustia. ¡Nunca se atreva a invadir ese delicado espacio interno! Hay ocasiones cuando la angustia de otro es esencial para que se logre el plan de Dios. Aunque a veces quisiéramos rescatar del dolor a otros, tenemos que contenernos. Cuidémonos de no inmiscuirnos en los planes de Dios. No trate de arreglar los sentimientos de la gente. Por lo general lo mejor que podemos hacer es "velar y orar." Estar cerca y en silencio; estar disponible y apoyar.

Jesús entiende mejor que nadie los gritos silenciosos de su dolor interno.

Dolor físico

Para los que han visto *La pasión de Cristo,* no necesito repetir en detalle la profundidad del dolor físico que Cristo soportó. Las brutalidades fueron horrorosas y como nadie las ha experimentado ni antes ni después. Un vistazo rápido a la lista de Mateo provee una noción general de la intensidad de lo que Cristo experimentó físicamente:

- Lo capturaron y lo trataron cruelmente como si fuera un criminal común (Mateo 26:57).
- Le escupieron en el rostro, lo abofetearon y golpearon (26:67).
- Lo ataron y flagelaron, de acuerdo a los otros Evangelios (27:2; Marcos 15:15; Juan 19:1).
- De nuevo le escupieron y golpearon inmisericordemente con una caña (Mateo 27:30).

• Lo crucificaron, perforaron sus manos y pies con clavos, y más tarde le abrieron el costado con una lanza (27:33-35; Juan 19:34).

Imagínese el horror de clavos de hierro perforando sus manos y pies, o la intolerable humillación de que lo cuelguen totalmente desnudo a plena vista de una multitud que se burla. No hay duda de que los insectos se abalanzaban sobre su cuerpo sangrante; debe haber sido un evento horrible de presenciar, ¡y eso para no decir nada de soportarlo personalmente!

El cuerpo de Cristo estaba tan destrozado que ni siquiera parecía humano. El dolor físico que debe haber soportado es punto menos que inconcebible. Sin embargo, hubo un dolor incluso más severo que el que sufrió físicamente. Felizmente, gracias a Cristo ese es un dolor que ni usted ni yo nunca conoceremos.

El dolor máximo: separación de Dios

Aunque el dolor de relaciones personales, interno y físico de Cristo fue horriblemente intenso, el dolor de ser separado de su Padre va más allá de nuestra capacidad de imaginarnos. Mateo escribe: "Y desde la hora sexta hubo tinieblas sobre toda la tierra hasta la hora novena. Cerca de la hora novena, Jesús clamó a gran voz, diciendo: *Elí, Elí, ¿lama sabactani?* Esto es: Dios mío, Dios mío, ¿por qué me has desamparado?" (Mateo 27:45-46).

Por primera y única vez Dios le dio la espalda a su Hijo. Fue el momento en que Cristo llevó todo *nuestro* pecado; y por eso el Padre no podía mirarlo, por la afrenta de nuestras iniquidades. Cristo experimentó el colmo del dolor: la separación de Dios Padre. En la absoluta soledad y dolor Jesús exclamó: "Padre, ¿por qué me has desamparado?"

Permítame asegurarle que usted no puede tener un dolor que Jesús no entienda y con el que Él no pueda identificarse. Usted no puede tener un dolor físico que de alguna manera se escape al conocimiento de Él. Usted no puede tener una enfermedad incapacitante, una discapacidad, una angustia, un ataque cardíaco … ni siquiera un temor debilitante o ataque de pánico que Él no pueda entender o sentir.

Él lo ha sentido todo; por consiguiente Él está allí para andar con usted al atravesar las mayores profundidades de dolor, tan sólo si se lo permite.

¿Arrastra usted en su corazón alguna persistente cicatriz que no quiere sanarse? Mire las manos de Cristo, sus pies y su costado. ¿Se siente humillado y solo? Él sabe lo que ese sentir eso ¿Se siente confundido por sus circunstancias y tentado a regatear con Dios pidiendo alivio? No es necesario. Sin una sola palabra de sus labios, Él entiende. Los sentimientos de nuestra debilidad lo tocan a Él, y por tanto se identifica con ellos.

Tal vez se sienta sola. Su compañero de toda una vida se ha ido a estar con el Señor. Usted se enfrenta a un futuro incierto, completamente sola. Tal vez usted siente que ha sido echado al olvido recientemente, cuando sus padres le pidieron que salga para siempre de sus vidas. Tal vez su cónyuge simplemente se fue de una vez y por todas, rechazándola a usted por otra. Quizá acaba de leer una carta cruel de un adulto con mentalidad infantil que incluye cinco palabras que usted no puede creer: "No quiero volver a verte." En términos de relaciones personales, usted necesita a alguien. Internamente está angustiado; físicamente, ha llegado a su límite.

Tal vez usted está confundido, viviendo con profundas cicatrices emocionales resultante del abuso y maltrato. Tal vez sufre de una adicción tan horrible y penosa que usted teme que lo rechazará cualquiera que descubra su secreto. El dolor de la vergüenza se apodera de su alma y acecha sus pensamientos. Tal vez se sienta totalmente desvalido, furioso, confuso, desilusionado, deprimido, incomprendido, humillado, y al límite.

En última instancia usted se pregunta, cómo Jesús lo hizo, por qué Dios le ha abandonado a usted. Es posible que se sienta así, pero escuche esto: usted no está solo. Hay esperanza. Hay ayuda con el Salvador a su lado.

CÓMO ATRAVESAR LOS TIEMPOS DIFÍCILES DEL DOLOR ...
CON CRISTO

Quiero concluir este capítulo con algunas analogías que espero le provean de una medida de consuelo mientras atraviesa con Cristo los tiempos difíciles de su dolor.

En términos de relaciones personales, nadie puede estar más cerca que Cristo. Jesús es mejor que el más fiel de los esposos, más comprensivo que la más consoladora de las esposas, más confiable que su amigo predilecto. Nadie está más cerca que Cristo. No hay amigo que se preocupe más; ni ninguna persona que nos acepte más incondicionalmente. No hay nadie más disponible o más interesado a quien uno le pueda hablar a medianoche, o en cualquier otro momento, simplemente llamándolo mediante la oración. Él entiende incluso sus quejidos; ¡Él puede poner el significado correcto a sus gemidos indecibles! Él ha prometido que nunca lo dejará; y nunca lo abandonará. Nadie puede estar más cerca que Cristo. Lo repito: nadie.

Internamente, nadie sana más profundo que Cristo. Usted tal vez diga: "Nunca podré superar este sufrimiento." Sí puede, pero no por cuenta propia. Es allí donde Cristo es el Maestro Consolador. Él es el "Varón de Dolores." Recuerde, Él está íntimamente "experimentado en quebranto," Él entiende lo que se puede perder. Él lo perdió todo por usted. Su propia familia pensó que se había vuelto loco. Justo en pleno ministerio ellos fueron a buscarlo para llevárselo consigo porque estaban convencidos de que Él había perdido sus cabales (revise de nuevo el capítulo 2, "Cuando se atraviesa los tiempos difíciles de la incomprensión"). Él sabe lo que es sufrir en silencio, ser blanco de la crítica injusta, sentirse impotente cuando nadie entiende, cuando nadie queda en su esquina. Su bálsamo de consuelo penetra; nadie sana más profundamente que Cristo.

Físicamente, nadie consuela mejor que Cristo. En medio de su más profundo dolor físico, la presencia de Cristo da consuelo y fortaleza. Él tal vez decida restaurar su salud física, pero francamente, a lo mejor no. Independientemente de eso, su gracia es abundantemente suficiente para usted. Su mano está sobre usted en el momento de su aflicción. Es mejor que la mano de algún amigo, un cónyuge, un padre o un hijo, porque cuando Él toca, él da gran compasión y alivio duradero. Nadie conforta mejor que Cristo.

Finalmente, nadie ve los beneficios de nuestro dolor más claramente que Cristo. Él ve por el oscuro y tortuoso túnel de su Getsemaní hasta el otro lado. Usted sólo ve la implacable, atemorizante y densa oscuridad. Él ve más allá de ella, a la brillante luz de la eternidad. Madurez, crecimiento, estabilidad, sabiduría, y a la larga la corona de la vida le esperan al que confía en su mano invisible. Tenga presente que Él es dueño del mapa que le lleva a usted a atravesar su Getsemaní. Nadie puede ver los beneficios de nuestro dolor más que Cristo.

Sea lo que sea que usted esté enfrentado hoy, por favor recuérdese usted mismo que su dolor no es un error; no es un accidente. En verdad, su sufrimiento podría ser precisamente lo que Cristo usará para hacer que usted se arrodille, para atraerlo de nuevo al corazón de Él, y que usted descubra la paz de Él.

"Varón de Dolores," ¡qué nombre! Es el nombre del Hijo de Dios. Se llama Jesús. Es el nombre que representa los extremos del dolor y comprensión, compañerismo y alivio. Quizá usted nunca ha reconocido su necesidad de una relación personal con Dios por la fe en Cristo. Usted ha sostenido férreamente en sus propias manos las riendas de su vida. Le invito a que las suelte y se las entregue a Dios. Venga a su Hijo Jesús, y admita dónde está y exprésele lo que necesita. Una oración sencilla es todo lo que se requiere para comenzar con Él esta relación personal que transforma la vida. Termino con una sencilla oración que podría usar usted en la quietud de su corazón para decírsela a Aquel que anhela estar con usted los tiempos difíciles del dolor personal.

૭

Señor Jesús: Sé que soy pecador, y he hecho de mi vida un desorden soberano. Estoy cansado de luchar, y cansado del dolor que he añadido a mi vida al vivir como si no existieras. Hoy vengo a ti, creyendo que moriste por mí y resucitaste de entre los muertos. Le doy la espalda a mis caminos obstinados, y te lo entrego todo a ti. Señor Jesús, toma las riendas: te las entrego. Recibo tu perdón y tu gracia, así como me apropio de tu gracia y recibo tu dádiva de la vida eterna. Amén.

✧

EL VARÓN DE GRAN DOLOR
Philip R. Bliss, H. C. Ball

El Varón de gran dolor,
Es el Hijo del Señor,
Vino al mundo por amor
¡Aleluya! ¡Es mi Cristo!

Él llevó la cruenta cruz,
Para darnos vida y luz,
Ya mi cuenta Él pagó,
¡Aleluya! ¡Es mi Cristo!

Él por mí quiso morir,
Hoy por Él puedo vivir,
Quiero sólo a Él servir,
¡Aleluya! ¡Es mi Cristo!

Cuando venga nuestro Rey,
Luego yo su faz veré,
Y sus glorias cantaré,
¡Aleluya! ¡Es mi Cristo![4]

Diez

Cuando se atraviesa los tiempos difíciles del prejuicio

AL PRINCIPIO DE LA TUMULTUOSA década de los años sesenta, muchos se quedaron perplejos por el controversial libro *Black Like Me* [Negro como yo]. El autor del libro, John Howard Griffin, era un hombre blanco que relató la experiencia de la vida real de cómo el se hizo negro para probar un punto.

Mediante una serie de experimentos y tratamientos inusuales, Griffin se cambió temporalmente el color de la piel de blanco a negro. Entonces recorrió varios de los estados del sur de los Estados Unidos de América, y experimentó el lado más horrible del prejuicio. El libro es una crónica de lo que Griffin experimentó. Halló que la gente que lo había tratado con respeto y cortesías comunes cuando su piel era blanca, ahora lo sometieron a humillante maltrato, insultos, y un vil desprecio que sólo se podía describir como odio; simplemente porque su piel era negra.

Lo que ese escritor experimentó en su solitaria aventura fue un aterrador recorrido por los tiempos difíciles del prejuicio. Uno tiene nada más que leer unas pocas palabras del prefacio de su libro para sentir el impacto de lo que él sintió.

El negro, y el sur de la nación. Estos son los detalles. La historia real es la historia universal de hombres que destruyen las almas y cuerpos de otros (y en el proceso se destruyen a sí mismos) por razones que ni uno ni otro entiende realmente. Es la crónica del perseguido, del defraudado, del temido y detestado. Pude haber sido un judío en Alemania, un mexicano en varios de los estados de Estados Unidos, o miembro de cualquier grupo "inferior." Sólo los detalles habrían sido diferentes; la historia sería la misma.[1]

Por cierto, el prejuicio se encuentra en ambos lados. Hay judíos contra palestinos y palestinos contra judíos, musulmanes contra cristianos y cristianos contra musulmanes, conservadores contra liberales y liberales contra conservadores, hombres contra mujeres y mujeres contra hombres. El prejuicio persiste, trascendiendo toda cultura, continente y raza.

Lea cuidadosamente las palabras finales del prefacio de *Black Like Me*; palabras de un hombre que penetró a lo profundo de lo más bajo del pasado prejuiciado de los Estados Unidos y emergió como un profeta para las generaciones futuras.

Tal vez esto no sea todo. Tal vez no cubra todas las preguntas; pero es lo que es ser negro en una tierra donde mantenemos abajo al negro.

Algunos blancos dirán que esto no es la realidad; dirán que esto es la experiencia de un blanco como negro en el sur, pero no la del negro.

Pero esto es de poca monta, y ya no tenemos tiempo para eso. No tenemos tiempo para atomizar principios y eludir el problema, Llenamos demasiadas alcantarillas mientras discutimos puntos sin importancia y asuntos confusos ...

Esto comenzó como un estudio de investigación científica del negro en el sur de los Estados Unidos, con una compilación cuidadosa de información para analizar; pero recopilé la información y aquí publico el diario de mi propia experiencia viviendo como un negro. La presento en toda su crudeza y brutalidad. Rastrea los cambios que ocurren al corazón, cuerpo e inteligencia cuando uno supuestamente llamado ciudadano de primera clase es lanzado al basurero de la ciudadanía de segunda clase.[2]

No pase de largo esa última frase, pues pienso que capta la escena del prejuicio: *cuando uno supuestamente llamado ciudadano de primera clase es lanzado al basurero de la ciudadanía de segunda clase.* Eso es lo que hace el prejuicio en cualquiera de sus formas o grados: degrada al ser humano, catalogándolo esencialmente como *basura.*

Todos abrigamos prejuicios secretos, quizá hasta evidentes. Con frecuencia esas actitudes corren tan hondo en nuestros corazones que nos sentimos extremadamente incómodos incluso al reflexionar en esa noción.

El filósofo William James escribió que como humanos, nuestra tendencia natural es "mantener sin alterar todo lo que podamos de nuestro viejo conocimiento, y todo lo que podamos de nuestros viejos prejuicios y creencias. Parchamos y remendamos más de lo que renovamos."[3]

Pero parchar y remendar no basta, no para nuestro propósito aquí. Tal vez usted ha experimentado en carne propia la angustia y la vergüenza del prejuicio. Tal vez esté sufriendo por las actitudes dañinas y hostiles o acciones del prejuicio en estos días. A decir verdad, a lo mejor usted está enfrentando la desagradable presencia del prejuicio en su propia vida por primera vez, y ha decidido no sólo a hacerle frente, sino a conquistarlo. ¡Excelente! Jesucristo es el personaje que lo soportó y ahora vive para atravesar junto a usted ese proceso. Estoy convencido de que con ayuda de Él usted podrá avanzar a un punto en su vida en donde será renovado y transformado. Me refiero a que se *quite* de su corazón todo rastro de prejuicio, y no meramente parcharlo o remendarlo.

EL PREJUICIO DEFINIDO Y OBSERVADO

Jesús dijo en forma dolorosamente clara que el prejuicio es un problema del corazón. Él dijo:

> Porque de dentro, del corazón de los hombres, salen los malos pensamientos, los adulterios, las fornicaciones, los homicidios, los hurtos, las avaricias, las maldades, el engaño, la lascivia, la envidia, la maledicencia, la soberbia, la insensatez. Todas estas maldades de dentro salen, y contaminan al hombre (Marcos 7:21-23).

Eso cubre casi todo el frente de las actitudes pecaminosas, ¿verdad? No se ve la palabra "prejuicio" incluida en la lista de Cristo, sin embargo la actitud de pecado que representa sería parte de frases tales como "malos pensamientos" y "soberbia," e "insensatez." El prejuicio brota de lo profundo del corazón pecador y depravado de la humanidad. Empieza allí y entonces se abre paso a acciones de pecado que pueden llevar a la agresión violenta.

Definiciones generales

Mi definición de *prejuicio* sería "cualquier juicio preconcebido o actitud irracional de hostilidad dirigida contra un individuo, grupo o raza." Esto incluye lo que otros puedan creer; así que tener prejuicios es juzgar prematuramente, formarse una opinión estrictamente en base a ideas preconcebidas. El prejuicio ejerce efectos cegadores en sus víctimas.

Observaciones generales

En razón de que me crié en el sur de los Estados Unidos, he observado el prejuicio por años. A decir verdad, viví todos mis años formativos en esa región del país. Pero el prejuicio no está reservado a una región particular del país o limitado a cierta cultura; es un mal extendido que afecta a toda persona en todas partes, en todo continente y en todo el planeta.

Al haber confrontado y experimentado su aguijón, he observado tres principios generales en cuanto al prejuicio.

Primero, el prejuicio es una tendencia aprendida. Yo no nací con prejuicios, ni tampoco usted. Al igual que usted, yo nací en pecado, y por lo tanto aprendí actitudes y sentimientos de prejuicio. Nos los enseñan nuestros compañeros, nuestros padres y más generalmente otros que son mayores que nosotros.

Conozco el prejuicio. Es vergonzoso, y rompe el corazón. El ataque mental y daño emocional que causa va más allá de la imaginación. Los años en que estuve en el Cuerpo de Marina de los Estados Unidos, incluyendo el entrenamiento junto a mis compañeros reclutas, me ayudó mucho para prepararme para el combate. Rápidamente me di cuenta de que en el fragor de la batalla no importa si el que estaba luchando junto a mí era negro, asiático, blanco o hispano ... hombre o mujer. En tanto y en cuanto él o ella pudieran levantar un rifle y disparar con puntería en dirección opuesta a mí, no me importaba su color de piel, sus raíces culturales o sus preferencias políticas.

Aun así, en lo más profundo yo tengo que combatir el prejuicio tanto como usted. No puedo simplemente remendar o parchar. Tengo que tener una mente que haya sido renovada por completo.

Segundo, el prejuicio nos ciega con gran oscuridad. En Mateo 6:22-23, Jesús explica que "La lámpara del cuerpo es el ojo; así que, si tu ojo es bueno, todo tu cuerpo estará lleno de luz; pero si tu ojo es maligno, todo tu cuerpo estará en tinieblas."

Nuestros ojos son como ventanas. Permiten que entre la luz, y ésta forma una imagen que resulta en el milagro de la vista; y entonces nuestro cerebro transforma la imagen en pensamientos, conceptos e ideas. Eso no es verdad sólo físicamente, sino que también es cierto emocional y espiritualmente.

Si el ojo ve una piel de un color diferente o alguna expresión cultural que no entiende o valora, se forma una opinión o juicio previo que surte efecto en toda la persona: cuerpo, mente y voluntad. La mente basa su juicio en una realidad que, en el mejor de los casos, se percibe tenuemente.

Tercero, el prejuicio nos ata a lo viejo. El prejuicio es el lado más horrible del tradicionalismo. Rara vez se halla a una persona prejuiciada que sea también innovadora y creativa. Es notable cómo la creatividad y la innovación van de la mano con una filosofía de vida de mentalidad más abierta y progresista. El prejuicio cierra nuestra mente a la posibilidad de lo inusual, y mantiene nuestros pensamientos cautivos en la garra del hábito.

El prejuicio en el tiempo de Jesús

El prejuicio sacó su grotesca cabeza con frecuencia durante el tiempo de Jesús, y en muchas ocasiones Él sintió su aguijonazo y vergüenza. Por eso Él quiere estar a su lado mientras usted atraviesa los tiempos difíciles del prejuicio, porque Él lo experimentó en todas sus formas y furia.

Prejuicio geográfico

La Tierra Santa del primer siglo tenía apenas unos doscientos kilómetros de largo. Galilea se hallaba en el territorio más al norte, y al sur se hallaba Judea. En la sección central se hallaba el territorio de Samaria. Los judíos aborrecían tanto a los samaritanos que rehusaban cruzar por su territorio, prefiriendo más bien dar un rodeo, aun cuando ese desvío duplicaba el tiempo de su viaje. No obstante, los que consideraban un insulto tan grotesco contaminarse con el polvo samaritano, pensaban que el tiempo adicional bien valía la pena. Dar *un rodeo* para no entrar en Samaria era una forma de vida para los judíos.

Jesús se mantuvo por encima del conflicto racial, pero enfrentó la tensión en una ocasión mientras descansaba junto a un pozo en la ciudad de Sicar en Samaria. Cuando le pidió a una samaritana agua para beber, ella quedó absolutamente perpleja. Ella respondió incrédula: "¿Cómo tú, siendo judío, me pides a mí de beber, que soy mujer samaritana?" (Juan 4:9). Ella sabía la rutina; ningún judío siquiera *miraba* a un samaritano, ¡mucho menos le *hablaba*!

En otra escena insólita Juan describe la confrontación de Jesús con los fariseos. Ellos estaban atacándole porque Él había afirmado ser Hijo de Dios. En Juan 8 Jesús exclamó: "Yo hablo lo que he visto cerca del Padre; y vosotros hacéis lo que habéis oído cerca de vuestro padre ... Y a mí, porque digo la verdad, no me creéis" (vv. 38, 45). Al oír eso todos ellos se encresparon y gritaron: "¿No decimos bien nosotros, que tú eres samaritano, y que tienes demonio?" (v. 48). ¡Imagínese el insulto de ese comentario prejuiciado dicho al Hijo de Dios! Era como si lo maldijeran; el prejuicio chorreaba de esa acusación. Jesús ni tenía demonio, ni era samaritano; y sin embargo los fariseos lo acusaron de ambas cosas. Recuerde, al leer el Nuevo Testamento, que esas eran peleas territoriales, prejuicios no escritos, no diferentes a los de los Capuletos y Montescos del drama de *Romeo y Julieta*. Jesús lo enfrentó continuamente.

Las palabras de la samaritana y el cruel ataque verbal de los fariseos delatan el hecho de que los judíos del primer siglo habían caído en las garras de intensos prejuicios geográficos y culturales. Sin embargo, existía un prejuicio *político* todavía más intenso entre judíos y romanos.

Prejuicio político

Palestina en el primer siglo estaba bajo el gobierno romano; era una tierra ocupada, y no era estado reconocido o nación independiente. Los judíos de Palestina vivían bajo la bota romana, llevando su existencia diaria bajo la autoridad del césar. No sorprende que los judíos aborrecieran la opresión. Para ellos sólo había Uno a quien le debían su alianza como Rey, y ciertamente no era el césar. Consideraban su nación como una teocracia, gobernada por Jehová, el Creador del cielo y la tierra. Para ellos las leyes de Dios eran sagradas, y no las de Roma; pero se les obligaba a rendir homenaje a la monarquía pagana impuesta por una autoridad de raza gentil y no creyente. Como usted puede imaginarse, el prejuicio político entre ellos salía de toda comprensión, y cada uno despreciaba al otro.

Echando mano de este conocido prejuicio, los fariseos intentaron enredar a Jesús en uno de los candentes conflictos políticos existentes cuando le preguntaron: "Dinos, pues, qué te parece: ¿Es lícito dar tributo a César, o no?" (Mateo 22:17).

En esos días había tres impuestos. Primero había un impuesto a la tierra, que era una décima parte del grano y una quinta parte del aceite y el vino de toda persona, a pagarse en especie o en efectivo. Luego había un impuesto a la renta, que era el uno por ciento de los ingresos de toda persona y pagadero a Roma. El tercero era el tributo; todo hombre de catorce a sesenta y cinco años y toda mujer de doce a sesenta y cinco años pagaba al césar un denario (equivalente a poco más del salario de un día). La moneda del tributo llevaba la insignia del césar. Permita que la escena se desarrolle lentamente en su mente según la describe Mateo.

Entonces se fueron los fariseos y consultaron cómo sorprenderle en alguna palabra. Y le enviaron los discípulos de ellos con los herodianos, diciendo: Maestro, sabemos que eres amante de la verdad, y que enseñas con verdad el camino de Dios, y que no te cuidas de nadie, porque no miras la apariencia de los hombres. Dinos, pues, qué te parece: ¿Es lícito dar tributo a César, o no? Pero Jesús, conociendo la malicia de ellos, les dijo: ¿Por qué me tentáis, hipócritas? Mostradme la moneda del tributo. Y ellos le presentaron un denario. Entonces les dijo: ¿De quién es esta imagen, y la inscripción? Le dijeron: De César. Y les dijo: Dad, pues, a César lo que es de César, y a Dios lo que es de Dios (vv. 15-21).

¡Qué brillante respuesta! Sosteniendo Jesús esa moneda en su mano, miró la cara y el envés. En un lado se leía: "Tiberio César, hijo del divino Augusto." En el otro lado decía: "Máximo Pontífice, Sumo Sacerdote." Eso no hacía otra cosa que hacer hervir la sangre de los fariseos. En sus mentes sólo Caifás llevaba el título de "sumo sacerdote," ¡y no un sucio político romano! Esta escena nos ayuda enormemente a entender la intensidad del prejuicio político prevaleciente en el tiempo de Jesús.

Había otro nivel de prejuicio, el religioso, en su forma más violenta.

El prejuicio religioso y los juicios
y muerte de Jesús

¿Se ha dado cuenta de que los responsables inicialmente de poner a Cristo en la cruz fueron los dirigentes judíos? Fueron los fariseos, los escribas y los saduceos. Esto no es una declaración antisemítica; es un hecho histórico. Ellos se confabularon para eliminar de la tierra a Jesús, que se decía el Mesías, y sus patéticos y fanáticos desvaríos.

Ahora bien, entienda que la ley judía prohibía la muerte por crucifixión. La crucifixión era una forma romana de ejecución reservada para los ofensores más viles, ladrones, asesinos e insurgentes. Eso sólo carcomía a los judíos. El hecho de que estaban obligados a traer a sus acusados y convictos ante un oficial romano empequeñecía sus más profundas convicciones religiosas. Odiaban a los romanos por eso y por las numerosas otras limitaciones impuestas a su sagrada ley.

Así que en última instancia fueron los romanos los que literalmente clavaron a Jesús en la cruz, y no los judíos.

Eso explica por qué los dirigentes judíos tuvieron que llevar a Jesús a Pilato, gobernador de Judea; y también explica por qué tuvieron que alterar la acusación contra Jesús. En la ley judía, ser culpable de blasfemia era castigable con la muerte, pero la ley romana no contemplaba tal condena; así que cuando los prejuiciados acusadores lo llevaron ante las autoridades romanas lo acusaron de traición. Adujeron que Él afirmaba ser rey de los judíos. Esa acusación nunca fue presentada ante ninguno de los tribunales judíos durante los juicios ilegales que condujeron a la muerte de Cristo; pero se vuelve especialmente significativa cuando Jesús compareció ante Pilato. Cualquiera en Roma que trataba de hacerse rey era arrestado y condenado a muerte.

Por eso Jesús compareció finalmente ante Pilato, el cual aborrecía a los judíos y la arrogancia con que ellos mantenían sus costumbres religiosas santurronas, insignificantes y tediosas. En la mente romana los judíos eran inferiores. Lo interesante es que Pilatos fue un títere, operando bajo la amenaza de los judíos que le rodeaban y la posibilidad de que se le saque de su cargo por las muchas quejas en su contra. Es un hombre prejuiciado que, por razones inexplicables, miró a Jesús con cierta ambivalencia y quizás un poco de respeto. Cumplió su obligación e interrogó a Jesús acerca de los cargos en su contra y otras cosas, pero al final no encontró nada que sugiriera que las acusaciones de los acusadores tuvieran algún mérito.

Sin embargo, los esfuerzos de Pilatos para liberar a Jesús fracasaron debido a la feroz insistencia de la chusma amotinada, que aceptaron de buena gana la responsabilidad por la muerte de Jesús (Mateo 27:25-26).

En toda esa agonizante odisea, Jesús apenas dijo una palabra, Guardó silencio, negándose a contestar a ninguna de las acusaciones que se presentaron en su contra (Mateo 26:63; 27:12, 14).

Pero, extrañamente, Pilato fue el único que estuvo cerca de darle a Jesús un juicio apropiado. Lo interrogó y no encontró nada malo. Pilato pudo ver claramente todo el caso, y se dio cuenta de que tenía en sus manos a un hombre acusado falsamente. Trágicamente él era demasiado débil como para levantarse solo y obedecer a su consciencia. Preguntó: "¿Qué mal ha hecho?" Uno casi puede oír la desesperación en sus palabras. Finalmente Pilato suplica: "¿Qué, pues, haré de Jesús, llamado el Cristo?" (27:22). La chusma gritó en respuesta: "¡Sea crucificado!" (v. 23)

¿Se pregunta usted hasta dónde llegaba el prejuicio? Usted acaba de leerlo en dos palabras, que en realidad es una sola palabra en el texto griego: *"¡Crucifícalo!"*

Una vida afilada en odio asesino es impulsada por un corazón lleno de prejuicio. El prejuicio reduce al espíritu humano al nivel de una bestia asesina.

Me estremezco al pensar lo que fue esa escena cuando ocurrió, ¿Qué sucedió con los hijos de esa gente furiosa cuyo prejuicio y odio por Cristo estalló en tal violencia? Muchos de esos hijos no tenían ni siquiera edad suficiente como para saber lo que estaba pasando, pero usted puede estar seguro que el prejuicio les fue transmitido, y que les inculcaron el odio en sus cerebros. Hasta el día de hoy la mayoría de los judíos rechazan a Jesús como su Mesías prometido. De hecho, mientras más ortodoxos son, más intenso es ese rechazo.

¿Cómo soportó Jesús los tiempos difíciles del prejuicio? Guardó silencio, no contestó nada. Rehusó defenderse, soportó el maltrato, los insultos y sus palabrotas. Él permaneció quieto, aun cuando la saliva maloliente de ellos recorría su cuerpo molido y sangrante.

¿Y usted? ¿Y yo?

Ahora bien, si piensa que la historia de John Howard Griffin en *Black Like Me* aturde, lo que Cristo experimentó a manos de gente intolerante, llena de odio y prejuicio aturde más. El perfecto Hijo de Dios dejó a un lado el uso independiente y voluntario de sus atributos divinos cuando vino a la tierra para morir, dispuesto a pagar el precio por los pecados de gente prejuiciada, y no sólo el de ellos, sino los suyos y los míos. Dice un himno: "Asombroso amor, ¿cómo pudo ser?" Y todo esto de un Hombre que jamás tuvo ni siquiera un pensamiento de prejuicio.

No tengo ni idea de dónde están sus prejuicios. No sé nada de su trasfondo, pero sí conozco el corazón humano, y especialmente conozco el mío, como usted conoce el suyo. Sé que es imposible escapar de las sutiles, si no completamente abiertas, enseñanzas de gente prejuiciada que son mayores que nosotros, o que tal vez están determinadas a moldear nuestro pensamiento, acicateándonos a formar opiniones hirientes de otras personas.

Debo recordarle que Cristo murió por el pecado del prejuicio. Él experimentó el aguijonazo de su ataque. Él soportó comentarios hirientes, sintió la vergüenza del rechazo, enfrentó la aturdidora alienación producto del odio. Eso tuvo que ser doloroso, aun para Él.

Por eso yo puedo decir con tanta confianza que Jesús está allí con usted cuando sufre el prejuicio, Él está allí para ofrecerle su presencia consoladora y sus tiernas palabras de seguridad cuando su fe flaquea bajo la discriminación e injusticia descarada. Cuando usted lo encuentra a Él en sus tiempos difíciles del prejuicio, Él le indica los puntos ciegos en su propia vista espiritual que le impiden ver la verdad. Si le concede la libertad de hacerlo, Él suavizará su espíritu hacia personas de otro color, otra cultura, otra preferencia sexual o religión.

Qué fácil es para nosotros los estadounidenses permitir que la cólera y la rabia contra los perpetradores de los horrores de 11 de septiembre del 2001 hiervan en odio y prejuicio contra todos los musulmanes. Jesús ofrece una forma mejor de tratar a nuestros vecinos musulmanes: "Amarás a tu prójimo como a ti mismo." Son palabras sencillas pero repletas de compasión y comprensión.

Él le da otra manera de ver a las personas que usted piensa que son muy diferente a usted. Cuando el amor de Cristo corre por sus venas, es como sangre fresca que le hace virtualmente ciego al color y más tolerante para aceptar a los que son diferentes de usted. Eso no significa que tiene que aceptar algo en lo que no cree o aceptar conductas que no se pueden condonar. Jesús provee un balance perfecto. Él puede guiarle a atravesar las barreras y muros que usted ha construido por años y usarle para alcanzar a un alma solitaria y perdida, o un errante hijo de Dios que se ha descarriado. Él está en el proceso de hacer eso conmigo.

ALGUNAS CONCLUSIONES Y PENSAMIENTOS
MUY DOLOROSOS

Lea estas penetrantes palabras escritas por el apóstol Pedro acerca del prejuicio e injusticia que Jesús soportó:

> Pues ¿qué gloria es, si pecando sois abofeteados, y lo soportáis? Mas si haciendo lo bueno sufrís, y lo soportáis, esto ciertamente es aprobado delante de Dios. Pues para esto fuisteis llamados; porque también Cristo padeció por nosotros, dejándonos ejemplo, para que sigáis sus pisadas; el cual no hizo pecado, ni se halló engaño en su boca; quien cuando le maldecían, no respondía con maldición; cuando padecía, no amenazaba, sino encomendaba la causa al que juzga justamente (1 Pedro 2:20-23).

No soy profeta, y por lo tanto no tengo forma de predecir lo que nos espera a los que invocamos el nombre de Cristo como Rey de reyes y Señor de señores. Mientras el debate respecto al matrimonio de personas del mismo sexo se intensifica y la batalla por la familia y la preservación de la libertad de religión continúa creciendo en este país y otras naciones, percibo que la iglesia cristiana se enfrentará a días increíblemente desafiantes.

En este momento muchos cristianos alrededor del mundo sufren por discriminación de parte de quienes no toleran una fe conservadora cimentada sólo en Cristo. Nos esperan días mucho más difíciles. Incontables miles han sufrido persecución, cárcel y hasta la muerte por su fe … en esta generación. El prejuicio contra los cristianos es rampante, pero, por lo menos en nuestro país, hasta ahora se mantiene mayormente bajo la superficie. No pienso que esto continúe así por mucho tiempo.

Cuando los vientos del prejuicio se intensifican, cuando la brisa se convierte en fuerza huracanada y su fe comienza a flaquear, no tema; no se descorazone, y no se dé por vencido ni se rinda. Continúe amando al pecador, mientras que mantiene una posición firme contra el pecado. Encomiéndese al que juzga justamente y que le ayudará a permanecer solo, cuando sea necesario.

Como Cristo.

৵

Quietamente y agradecidos, Padre nuestro, hacemos una pausa antes de pasar la página. Necesitamos tiempo para reflexionar en lo que acabamos de leer. No queremos que parches o remiendes nuestro orgullo y actitudes prejuiciadas hacia otros, ¡haz una obra de transformación interna! Refréscanos con pensamientos de perdón, aceptación, y la libertad de no seguir esclavos de la forma en que se nos enseñó o cómo nuestros padres tal vez hayan vivido envueltos en prejuicio.

Enséñanos a vaciarnos de nosotros mismos, tal como Cristo se vació por nosotros. Ablanda nuestros espíritus, así como nuestro Salvador, que siendo Dios se hizo Hombre, se humilló a sí mismo, y se hizo obediente, hasta el punto de morir en una cruz. Haznos apreciar de nuevo el precio que Él pagó en el Calvario, en donde fue herido por nuestras transgresiones y molido por nuestras iniquidades. Elevamos esta oración deliberadamente rindiéndonos de corazón, en el nombre de Jesucristo, nuestro Señor. Amén.

Once

Cuando se atraviesa los tiempos difíciles
de la hipocresía

DEMASIADAS PERSONAS VINCULAN EL CRISTIANISMO con la hipocresía. Thomas R. Ybarra, un escéptico, escribió: "Un cristiano es un hombre que se arrepiente el domingo por lo que hizo el sábado y volverá a hacer el lunes."[1]

Qué triste, pero a menudo verdad.

Cuando yo era muchacho pensaba que la mayoría de los predicadores eran hipócritas. Muchos de ellos no sólo lucían extraños, sino que también hablaban en forma extraña cuando predicaban y oraban. Nunca pude figurarme por qué no decían "Dios" en vez de "Diiiiioooos." Nunca entendí por qué había que arrastrar las palabras religiosas en vez de simplemente decirlas.

Tristemente hay en la actualidad una desdeñosa conexión entre clérigos e hipocresía. La epidemia de sacerdotes abusivos y ministros estafadores casi ha exterminado la poca confianza de la gente en los dirigentes de la iglesia. ¡Qué triste!

Esa evidente falsedad de parte de muchos dirigentes religiosos no es nada nuevo. Para sorpresa de algunos, en los días de Jesús era común. Él constantemente confrontó la hipocresía en los dirigentes oficiales judíos. De hecho, no menos de siete veces en un mensaje que predicó, Jesús denunció al establecimiento religioso repitiendo la misma fuerte reprensión: "¡Ay de ustedes, escribas y fariseos, hipócritas!" (Mateo 23:13, 14, 15, 23, 25, 27, 29).

Pero la severa condenación que Jesús pronunció respecto a la hipocresía no terminó ahí. Él añadió: "¡Ay de vosotros, guías ciegos! que decís: Si alguno jura por el templo, no es nada; pero si alguno jura por el oro del templo, es deudor. ¡Insensatos y ciegos! porque ¿cuál es mayor, el oro, o el templo que santifica al oro?" (Mateo 23.16-17)

Eso no me suena como el "bondadoso Jesús, manso y humilde." Mirarles a la cara a los que vivían supuestamente sirviendo a Dios, exponiendo su grotesca duplicidad, requería valentía notable. Lo más probable es que ni siquiera una vez el pasado año usted haya mirado a alguien a los ojos para llamarle hipócrita. Admito abiertamente que yo no lo he hecho. ¡Esas son palabras que invitan a pelear!

¿Qué fue lo que alteró tanto a Jesús? Él aborrecía la falsa santurronería de ellos, "porque dicen, y no hacen" (v. 3), y cuando hacían algo significativo, procuraban hacer "todas sus obras para ser vistos por los hombres" (v. 5). En otras palabras, ellos predicaban públicamente lo que no practicaban en privado. Daban la impresión de ser espiritualmente fuertes pero eran carnales e impotentes; sonaban piadosos pero estaban vacíos de sustancia espiritual. Hipócritas, todos ellos.

Si fuéramos completamente sinceros con nosotros mismos, usted y yo tendríamos que reconocer que también poseemos grados variados de hipocresía. Todos hemos tenido que soportar los tiempos difíciles de una fe fingida, sea cuando la descubrimos en nosotros mismos o en alguien a quien respetábamos y en quien confiábamos. Sólo Jesús vivió una vida completamente justa, llena de integridad y libre de hipocresía. Por eso Él es nuestro modelo.

La hipocresía expuesta

Conviene un breve análisis de la palabra *hipocresía*. En griego la palabra que Jesús usó para describir a los fariseos y a sus colegas religiosos fue *jupocrités*. Original y literalmente, el vocablo griego significaba "uno que responde," como lo haría un orador o alguien que recita un poema.

En los días de Jesús el teatro era uno de los pilares de la cultura griega. La imagen es la de un actor griego desempeñando papeles múltiples en el escenario. Se disfrazaba con una serie de máscaras, las que intercambiaba fuera del escenario para deleitar al público. Salía de un lado del escenario llevando una máscara sonriente mientras decía sus líneas de comedia. El público reía estrepitosamente por el monólogo cómico, viendo como el actor salía corriendo del escenario para ponerse una máscara triste de expresión trágica. Con eso, el actor volvía para decir líneas de pensamientos solemnes y tristes y, en un sentido, responder al público. No es sorpresa que al actor se le llamara "hipócrita."

Con el paso del tiempo la palabra tomó connotaciones más negativas y a la larga evolucionó hasta ser la palabra que Jesús usó para destacar las pretensiones de "doble-máscara" que caracterizaban a los fariseos.

A esto de pretender ser lo que uno no es, la Biblia consistente y vigorosamente condena. Cada vez que Dios se toma tiempo para referirse a la piedad falsa, la falta de autenticidad, la simulación o la duplicidad del carácter, Él lo condena contundentemente.

El Señor lamenta la hipocresía de su pueblo por boca del antiguo profeta hebreo, Isaías.

Dice, pues, el Señor: Porque este pueblo se acerca a mí con su boca, y con sus labios me honra, pero su corazón está lejos de mí, y su temor de mí no es más que un mandamiento de hombres que les ha sido enseñado; por tanto, he aquí que nuevamente excitaré yo la admiración de este pueblo con un prodigio grande y espantoso; porque perecerá la sabiduría de sus sabios, y se desvanecerá la inteligencia de sus entendidos (Isaías 29:13-14).

No ha cambiado mucho desde que estas palabras fueran proclamadas hace varios miles de años. Me enoja lo que parece ser un desfile interminable de hipocresía en la religión organizada de hoy, y francamente no culpo a los no creyentes por rechazar a los religiosos fraudulentos. Nada hay como la autenticidad para desarmar a la persona sin Cristo; y por otro lado, nada hace más daño a la causa de Cristo que las actitudes, palabras y acciones hipócritas de gente que dice ser creyente.

La región de Nueva Inglaterra de los Estados Unidos produjo algunos de los más poderosos predicadores que nuestro país ha conocido. Algunos de los siervos más consagrados de Jesucristo se criaron y prepararon en los santos recintos de instituciones de capacitación para el ministerio tales como Harvard, Yale, Princeton y Dartmouth. Esas instituciones en un tiempo se levantaron fuertes contra la creciente ola de secularismo y filosofía humanística de una cultura que emergía. Ahora, un número crecido de las iglesias y comunidades que surgieron alrededor de esas universidades y de los seminarios que ellas auspiciaban, yacen en ruinas; reliquias espiritualmente huecas de una era pasada. Lo mismo ocurre en Europa. La mayoría de las magníficas catedrales de Europa que una vez retumbaban con predicación fiel y poderosa del evangelio, ahora están virtualmente vacías: símbolos solemnes de una cultura espiritualmente erosionada.

¿Qué hay detrás de esta arrolladora ruina espiritual? La hipocresía. Fueron personas que adoraban a Dios de labios para afuera, pero cuyos corazones estaban lejos de Él; y gradualmente la gente dejó la iglesia para tener sus aventuras con el mundo. Los púlpitos callaron; el evangelio enmudeció.

No es sorpresa que el apóstol Pablo escribió a los creyentes de Roma con gran fervor al exhortarles a que "El amor sea sin fingimiento" (Romanos 12:9). Él instaba a acción que iguale las palabras. Él deseaba que se descartaran los falsos ropajes de la religiosidad externa, y se los cambie por una fe auténtica, vibrante y vivificante.

Como usted recordará, Pedro cayó en la trampa de la hipocresía. A pesar predicar que todos los creyentes, tanto judíos como gentiles, eran uno en Cristo, su conducta mientras ministraba en Antioquia no correspondía a sus palabras. Estaba usando dos máscaras, estaba siendo un *jupocrites*, y Pablo lo dejó al descubierto con una penetrante reprensión (Gálatas 2:11-14).

El punto es este: asegúrese de que su amor es auténtico. No sea falso. Diga lo que quiere decir, y que sus palabras signifiquen lo que usted dice. Y cuando esté en un grupo, diga lo mismo que dijo cuando estaba con algún grupo anterior. Todo el tiempo, asegúrese de que su vida se ajusta a lo que dice que cree. Cuando no sea así, admítalo. ¡Simplemente salga y dígalo!

Se dice que en una ocasión a Mark Twain le preguntaron: "¿Cuál es la diferencia entre un mentiroso y una persona que dice la verdad?" Sabiamente Twain contestó: "Muy sencillo. El mentiroso debe tener mejor memoria." Una de mis expresiones favoritas la dijo primero un predicador rural: "Sé lo que tú eres, porque si no eres lo que tú eres, eres lo que no eres."

La hipocresía ocurre cuando enmascaramos la carnalidad detrás de un montón de palabras religiosas. Eso es ser falso. Cuando luchamos en los tiempos difíciles de la hipocresía, necesitamos escuchar lo que

Jesús dijo al respecto, y permitir que Él haga su obra respecto a cómo nos conducimos cada día. Hay mucho en juego como para seguir entrando y saliendo a la carrera del escenario, cambiando máscaras. Es tiempo de dejar que caiga el telón y termine el acto.

LA HIPOCRESÍA ILUSTRADA

En su Sermón del Monte Jesús presentó a sus seguidores el reto de llevar una vida sencilla y auténtica, recalcó su llamado a una piedad genuina con una breve pero fuerte exhortación: "Guardaos de hacer vuestra justicia delante de los hombres, para ser vistos de ellos; de otra manera no tendréis recompensa de vuestro Padre que está en los cielos" (Mateo 6:1). En otras palabras, no traten de parecer súper piadosos a fin de de lucir bien. No monten una actuación que no es auténtica.

Para los judíos en los días de Jesús habían tres formas fundamentales de "practicar la justicia": ofrendar, orar y ayunar. Hay que entender que Jesús nunca disputa estas tres disciplinas. Su principal preocupación fue que esas obras de justicia se habían convertido en plataforma pública para la conducta hipócrita, gracias al modelaje de parte de los dirigentes religiosos, que ocultaban sus motivos errados detrás de máscaras que parecían piadosas. En lugar de esa patraña hipócrita Jesús dio instrucciones sobre la forma correcta de modelar cada una de esas disciplinas espirituales.

Primero Jesús trató el asunto de dar.

Las ofrendas

Cuando, pues, des limosna, no hagas tocar trompeta delante de ti, como hacen los hipócritas en las sinagogas y en las calles, para ser alabados por los hombres; de cierto os digo que ya tienen su recompensa (v. 2).

Hoy día Jesús tal vez diría que no espere una gran placa de bronce con su nombre colocada en algún edificio debido a que usted dio una tonelada de dinero para el fondo de construcción. No se ofenda porque su nombre no aparece en algún titular honrando su generosidad. No ofrende a fin de lo vean bien. Jesús le ofrece una manera mejor: "Mas cuando tú des limosna, no sepa tu izquierda lo que hace tu derecha, para que sea tu limosna en secreto; y tu Padre que ve en lo secreto te recompensará en público" (vv. 3-4).

Dé generosamente, con alegría, con sacrificio; pero guárdeselo para usted solo. Su ofrenda no es asunto de nadie sino entre usted y Dios; y si lo hace asunto de otros, entonces usted recibe su recompensa de inmediato y anula la oportunidad de recibir algo aún más grande cuando usted llegue al cielo. Dios siempre nota y (más tarde) recompensa la ofrenda fiel y sacrificada; pero cuando usted insiste en anunciarlo en media docena de formas santurronas, entonces eso es todo lo que recibirá.

Más adelante en el Nuevo Testamento leemos que "Porque Dios no es injusto para olvidar vuestra obra y el trabajo de amor que habéis mostrado hacia su nombre, habiendo servido a los santos y sirviéndoles aún" (Hebreos 6:10). Esa es una promesa en la que podemos confiar.

La próxima vez que esté en la iglesia preparándose para adorar, entienda que a su alrededor hay muchos creyentes fieles que han dado, dado y dado, una y otra vez sin que nadie lo sepa. Quizá usted sea uno de los que estoy describiendo. Cada domingo usted se codea con algunos de los grandes dadores de nuestra era; y ellos lo han hecho "como para el Señor," manteniéndolo para sí mismos y esperando su recompensa prometida. Usted nunca lo sabrá, pero Dios nunca olvida. ¿Cómo le parece esto?

Jesús también dio instrucciones sobre la forma correcta de orar.

La oración

> Y cuando ores, no seas como los hipócritas; porque ellos aman el orar en pie en las sinagogas y en las esquinas de las calles, para ser vistos de los hombres; de cierto os digo que ya tienen su recompensa (Mateo 6:5).

En los días de Jesús la práctica de la oración había degenerado en cinco aspectos que necesitaban corrección.

Primero, la oración se había convertido en un ejercicio formal en vez de ser una expresión libre. Lo que existía eran oraciones "oficiales" para todas las ocasiones. Las oraciones se habían vuelto estandarizadas, rutinarias y monótonas.

Segundo, la oración se había vuelto más ritualista que auténtica en su expresión. La mayoría de los judíos oraban tres veces al día. Los fariseos habían establecido una rutina rígida de lugares y horas prescritas para orar. No había espontaneidad ni oraciones iniciadas por el Espíritu.

Tercero, las oraciones eran largas y con mucha palabrería. Mientras más elocuentes y floridas, mejor. Ese era el estilo aceptado cuando se oraba en público. Mi buen amigo Howie Hendricks dirige a sus estudiantes del seminario para que resistan la tentación de orar recorriendo todo el mundo de ida y vuelta al dirigir una oración en público. "Di más hablando menos," es su consejo frecuente. ¿Quién quiere escucharle a usted predicar un sermón cuando le está dando gracias a Dios por una hamburguesa? Los fariseos y los dirigentes religiosos se habían dedicado a esas peticiones llenas de palabrería.

Cuarto, las oraciones estaban llenas de repeticiones y clisés sin sentido. Cuando niño, mi hermano mayor amaba a Jesús mucho antes que yo lo hiciera. A decir verdad, su fe profunda y sincera me fastidiaba. Yo solía despertarme a media noche (él acababa de regresar de la armada y yo era un adolescente), y volvía la mirada y veía la silueta de mi hermano a la luz de la luna orando en silencio de rodillas.

Solía pensar: *¿Valiente cosa, ¿por qué me tocó un Martín Lutero por hermano? ¿Por qué Dios no me dio un futbolista campeón nacional?* La suya era una fe vibrante, discreta y viva. Todavía lo es. Tengo que admitir que en esa época la mía era tan falsa como un billete de a tres dólares. Su vida auténtica era una represión silenciosa.

Nunca olvidaré el día en que mi hermano Orville, después de soportar una de mis endebles peticiones memorizadas antes de la comida se inclinó por sobre la mesa de la cena y preguntó: "Charles, ¿cuándo vas a aprender a orar?" Al instante quise responderle: "¿Cuándo vas a aprender a patear un balón?" Él sabía tan bien como yo que mis oraciones eran expresiones vacías de repeticiones de frases sin significado. Y antes que usted se sienta muy piadoso, a lo mejor usted también tiene que admitir que algunas de las suyas también lo son. Si se supiera la verdad, una oración fresca no ha salido de los labios de muchos creyentes en muchos meses. Jesús nos exhorta a orar espontánea, sencilla y específicamente.

Quinto, la oración se había convertido en causa de orgullo antes que ser una oportunidad para expresar humilde dependencia en Dios. William Barclay nota que orar bien se había convertido en un "símbolo legalista de status ... Cuando se lo seguía al pie de la letra, llevaba a una exhibición pública ostentosa: con las manos extendidas, las palmas hacia arriba y la cabeza inclinada, usando palabras elocuentes dichas en voz alta tres veces al día, preferentemente en la esquina de alguna calle."[2]

Jesús no nos abandona para que breguemos en nuestra lucha para superar los tiempos difíciles de las oraciones hipócritas. Él habló directamente:

> Mas tú, cuando ores, entra en tu aposento, y cerrada la puerta, ora a tu Padre que está en secreto; y tu Padre que ve en lo secreto te recompensará en público.

Y orando, no uséis vanas repeticiones, como los gentiles, que piensan que por su palabrería serán oídos (Mateo 6:6-7).

Qué bueno es venir ante del Señor naturalmente y conversar con Él. Si algunos de nuestros hijos hablaran a sus padres como nosotros le hablamos a Dios, nos reiríamos a carcajadas. "Oh gran, encantador, bueno y amoroso padre terrenal: ¿qué quieres que yo haga?" ¡Válgame!

Por cierto, este es un buen lugar para insertar una palabra de estímulo para los nuevos creyentes y su oración ¿Quiere usted aprender a orar? Escuche las oraciones de creyentes nuevos. Son maravillosas, espontáneas, reales, personales, sinceras, sin galimatías. No es vocabulario santurrón impresionante. Una conversación así de directa emociona el corazón de Dios. Ellos simplemente dicen lo que hay en su corazón. *¡Eso me encanta!*

Luego Jesús trata sobre el ayuno, otra disciplina en donde florecía la hipocresía.

El ayuno

Cuando ayunéis, no seáis austeros, como los hipócritas; porque ellos demudan sus rostros para mostrar a los hombres que ayunan; de cierto os digo que ya tienen su recompensa (v. 16).

Imagínese mentalmente el siguiente escenario:

Los días judíos de ayuno eran los lunes y jueves. Esos eran días de mercado, y … el resultado era que los que estaban ayunando ostentosamente esos días tendrían un público más numeroso que vería y admiraría su piedad. Había muchos que deliberadamente daban pasos para asegurarse de que otros no se pierdan el hecho de que estaban ayunando. Caminaban por las calles con el cabello sin peinar y desgreñado, con ropa deliberadamente sucia y desarreglada. Llegaban incluso al extremo de blanquearse deliberadamente la cara para acentuar su palidez.[3]

El exhibicionismo espiritual es hipocresía abierta, y por eso precisamente Jesús nos advierte en contra de eso. Entonces, ¿cómo debemos ayunar ante el Señor? Escuchemos la respuesta en la traducción de Mateo 6:17-18 que nos da la Versión Popular.

> Tú, cuando ayunes, lávate la cara y arréglate bien, para que la gente no note que estás ayunando. Solamente lo notará tu Padre, que está en lo oculto, y tu Padre que ve en lo oculto te dará tu recompensa.

El apego a la tradición

Antes de concluir este capítulo, debo mencionar otro aspecto de hipocresía que Jesús confrontó en la conducta de los fariseos y de otros dirigentes religiosos. Tiene que ver con abrazar y apegarse a tradiciones sin sentido.

"Entonces se acercaron a Jesús ciertos escribas y fariseos de Jerusalén, diciendo: ¿Por qué tus discípulos quebrantan la tradición de los ancianos? Porque no se lavan las manos cuando comen pan" (Mateo 15:1-2). Los fariseos y escribas eran los legalistas del primer siglo. Tenían una regla de cosecha propia que exigía que se laven las manos antes de una comida. Su queja ante Jesús respecto a sus discípulos, recuerde, por favor, que no era una trasgresión de la ley mosaica, sino una ruptura de la tradición de los ancianos.

El erudito bíblico Alfred Edersheim hace un esfuerzo detallado para explicar el significado de este absurdo en su respetada obra *The Life and Times of Jesus the Messiah (La vida y los tiempos de Jesús el Mesías).*

> Tenían listas vasijas de agua para usarlas antes de una comida. La cantidad mínima de agua que se debía usar era un cuarto de un

log, que se definía como suficiente para llenar un cascarón y medio de huevo. Primero se echaba el agua en ambas manos, con los dedos apuntando hacia arriba, y debía correr por el brazo hasta la muñeca. Debía chorrear de la muñeca, porque ahora el agua ya era impura, habiendo tocado las manos sucias, y si corría otra vez hacia los dedos, los dejaría de nuevo impuros. El proceso se repetía con las manos sostenidas en dirección opuesta, con los dedos hacia abajo; y luego, finalmente, se limpiaba cada mano frotando con el envés de la otra. El judío realmente estricto hacía todo esto, no sólo antes de una comida, sino entre cada uno de los platos.[4]

¡Eso haría a cualquiera querer ayunar! Demasiado tedioso … demasiado problema. ¿Mi opinión? Sería mucho más fácil saltarse esa comida.

Jesús de inmediato vio la hipocresía de sus corazones, y no desperdició palabras en su firme represión. A la luz de esto, sienta usted mismo la justa indignación que Jesús experimentó al decir su penetrante regaño.

Respondiendo él [Jesús], les dijo: ¿Por qué también vosotros quebrantáis el mandamiento de Dios por vuestra tradición? Porque Dios mandó diciendo: Honra a tu padre y a tu madre; y: El que maldiga al padre o a la madre, muera irremisiblemente. Pero vosotros decís: Cualquiera que diga a su padre o a su madre: Es mi ofrenda a Dios todo aquello con que pudiera ayudarte, ya no ha de honrar a su padre o a su madre. Así habéis invalidado el mandamiento de Dios por vuestra tradición. Hipócritas, bien profetizó de vosotros Isaías, cuando dijo:

Este pueblo de labios me honra; mas su corazón está lejos de mí. Pues en vano me honran, enseñando como doctrinas, mandamientos de hombres (Mateo 15:3-9).

La parte traicionera de adoptar la tradición por sobre la Biblia es que *invalida* la Palabra de Dios, tal como lo dice Jesús. Nunca olvide eso. Cuando le damos a la gente una lista para que la cumplan en sus vidas, se verán tentados a seguir las listas más rígidamente que lo que siguen lo que la Biblia ordena. Nunca he visto que esto falle. Las listas legalistas eclipsan la verdad ya que lenta y sutilmente invalidan la palabra escrita de Dios.

Hay mucho en juego al no contrarrestar la hipocresía con una estrategia para librarnos de su tóxico poder. Por eso debemos confrontar la hipocresía en nuestras iglesias, en nuestras instituciones de capacitación ministerial, en nuestros hogares y en esos lugares sellados dentro de nuestros obstinados y frecuentemente orgullosos corazones.

La hipocresía enfrentada y derrotada

Permítame indicarle unas cuantas aplicaciones prácticas que nos ayudarán a superar las tendencias hipócritas en nosotros o en la conducta de otros.

Primero, exponer la hipocresía es útil, ¡desenmascárela! Insto a los que son padres a que la traten en sus hijos. Estoy pensando aquí especialmente en los que estudian en escuelas evangélicas en nuestro país. Ellos están asistiendo a lo que ocasionalmente yo llamo un invernadero religioso. Están recibiendo todos los días dosis dobles de cristianismo, cristianismo, religión, religión, Biblia, Biblia, Dios, Dios, ¡hasta que eso es virtualmente *todo* lo que oyen! Y muy bien podrían estar en camino a la rebelión, a menos que se la contenga al mismo comienzo. Quizá nadie se lo haya dicho, así que permítame ser el primero en advertirle de los sutiles peligros de la demasiada exposición. Sin el debido balance, sus hijos pueden recibir el mensaje equivocado y desarrollar hábitos de hipocresía que carecen de la autenticidad de la semejanza a Cristo.

Padres, ustedes deben trabajar duro para ayudar a sus hijos a tomar la vida con calma, y eso incluye su cristianismo. No necesitamos otra generación de creyentes estirados, que hacen poco para el avance del mensaje de gracia y perdón de Cristo a un mundo ya escéptico y destrozado. No imponga la oración sobre todo, ni busque una analogía espiritual en todo evento. Mantenga en casa los sermones al mínimo. Déjele la predicación a su pastor y, por favor, haga lo que haga, no tolere el barniz religioso con el que ellos aprenderán a camuflarse. He hallado que cuando se promueve esa clase de religión, lleva a adicciones, la peor clase de carnalidad y la conducta cristiana más irreal y menos atractiva del planeta. Mientras usted no haya tratado de recoger los fragmentos de una vida legalista, usted no habrá sido testigo de la plena tragedia de la hipocresía.

Segundo, la práctica de la hipocresía es natural, ¡resístala! La conducta hipócrita es tan natural para los creyentes como la respiración. Apela a nuestra vieja naturaleza; mordemos el anzuelo de la hipocresía porque luce tan impresionante y resulta en que recibimos muchas lisonjas; pero en realidad representa el lado más horripilante de nuestra fe, y por tanto debemos identificarla por lo que es.

Tercero, romper con la hipocresía es doloroso, ¡persista! Yo prefiero con mucho la tarea de ser mentor de un nuevo creyente que de uno que ha pasado años sumergido en religión y tradicionalismo eclesiástico. Con todo, debemos persistir en el proceso de desarraigar de nuestra vida, de nuestros hogares y de nuestras iglesias el azote de la hipocresía. Pero tengo que advertirle: detener la hipocresía es doloroso. Créame, yo lo sé. Tengo hijos adultos (y los hijos de ellos) que me ayudan a tratar de evitar que se esto introduzca en mi propia vida y ministerio. A menudo les digo lo mucho que necesito que me ayuden a mantenerme real. ¡Los hijos francos son un tesoro genuino!

Para ganar cualquier batalla personal hay que comenzar admitiendo el problema. Es entonces cuando el Espíritu Santo puede comenzar su obra de liberación para ponernos en el camino hacia una genuina y permanente libertad de la hipocresía. Es una batalla larga y brutal.

Concluyo con palabras eternas de ayuda y esperanza para todos los que batallamos con los tiempos difíciles de la hipocresía, sea en nosotros mismos o que nos hieran los golpes de la de otros. Superar el poder destructivo de la hipocresía comienza cuando somos completamente francos y sinceros con nosotros mismos. No hay campo para evasivas, para echarle la culpa al pasado, o para señalar con el dedo a otros.

Como nos recuerda el gran apóstol Pablo, tenemos los recursos del cielo de nuestra parte.

Esto, pues, es lo que les digo y les encargo en el nombre del Señor: que ya no vivan más como los paganos, los cuales viven de acuerdo con sus equivocados criterios y tienen oscurecido el entendimiento. Ellos no gozan de la vida que viene de Dios, porque son ignorantes a causa de lo insensible de su corazón. Se han endurecido y se han entregado al vicio, cometiendo sin freno toda clase de cosas impuras. Pero ustedes no conocieron a Cristo para vivir así, pues ciertamente oyeron el mensaje acerca de él y aprendieron a vivir como él lo quiere, según la verdad que está en Jesús. Por eso, deben ustedes renunciar a su antigua manera de vivir y despojarse de lo que antes eran, ya que todo eso se ha corrompido, a causa de los deseos engañosos. Deben renovarse espiritualmente en su manera de juzgar, y revestirse de la nueva naturaleza, creada a imagen de Dios y que se distingue por una vida recta y pura, basada en la verdad.

Por lo tanto, ya no mientan más, sino diga cada uno la verdad a su prójimo, porque todos somos miembros de un mismo cuerpo (Efesios 4:17-25, VP).

৵

Señor Dios, cuando tu Hijo Jesús caminó en esta tierra, Él fue tan franco y sincero, tan firme y sin embargo verdaderamente humilde; pero tuvo poca paciencia con los que escogieron falsificar su amor por ti. Abiertamente reprendió a los que estaban llenos de sí mismos. Hoy les llamamos impostores. Las palabras incisivas de nuestro Salvador, aunque fueron dichas hace mucho tiempo, nos hacen detenernos en seco. Las recordamos en este momento: "Ay de ustedes, escribas y fariseos, hipócritas."

Oh Dios, sobre todas las cosas ayúdanos a ser personas auténticas, y no actores en un escenario, llenos de nosotros mismos y con ansias del aplauso. Ayúdanos a ser genuinos hasta la médula de nuestra fe. Ayúdanos a admitir nuestra propia hipocresía. Fortalécenos para que expongamos lo que es falsificación. Danos el valor de ser sinceros con nosotros mismos y ser rectos los unos con los otros.

Concédenos el gozo de ofrendar sin anunciarlo, orar en secreto, ayunar calladamente sin pregonarlo, amando al que es difícil amar, y sirviendo sin la expectativa de recibir algo a cambio; y que mediante todos estos hechos vividos en la práctica y delante de ti seas tú quien recibe el crédito.

Te lo pido en el nombre de Jesús. Amén.

Doce

Cuando se atraviesa los tiempos difíciles de la inhabilidad

I NHABILIDAD. El simple hecho de leer esta palabra despierta una variedad de emociones. Muy pocos en esta tierra son inmunes a esta lucha, incluso aquellos de quienes otros piensan que son fuertes y auto suficientes. Hace varios años la esposa de un pastor, ambos muy conocidos, admitió lo que ella y su esposo estaban pasando al luchar contra los tiempos difíciles de sentirse inhábiles. Para proteger la identidad de la pareja, dejaré sus palabras anónimas. Quizá usted pueda identificarse con esto.

Mi esposo y yo en ocasiones nos hemos sentido al borde de una desesperanza que no podemos definir. Fueron tiempos en los que hemos sentido una variedad de emociones: el deseo de renunciar o huir, un sentimiento de ira, la tentación de contraatacar a alguien, la sospecha de que nos están usando o explotando, la debilidad de la inhabilidad y la realidad de la soledad. Tales actitudes pueden fácilmente conspirar para reducir a la nada al más fuerte y dotado.

¿Alguna vez se ha sentido así, tan inhábil, que estaba convencido de que no podría seguir adelante? ¿Se sentía tan abrumado que en serio consideró darse por vencido y alejarse de todo? Por supuesto que lo ha sentido, *¡tal como yo!* Esos sentimientos de rabia, enojo, vergüenza, humillación, miedo y soledad que fluyen de un hondamente asentado sentido de inhabilidad inmovilizan al mejor de nosotros. Con frecuencia lo sentimos más cuando sentimos que alguien nos ha usado o explotado, o cuando estamos convencidos de que simplemente no llegamos a la medida. Hay momentos en que esa impresión de ser ineptos corre tan profundo que quisiéramos poder desaparecer.

- Inhábil para atender las necesidades y exigencias de nuestras familias.
- Inhábil para cumplir las demandas y expectativas de nuestro oficio, nuestro llamamiento.
- Inhábil para desempeñar nuestro ministerio cuando sentimos que ya tenemos demasiado entre manos.
- Inhábil para seguir adelante a pesar del desgaste de energía por el dolor crónico.
- Inhábil como madre, para cuidar a hijos de dos años activos y exigentes.
- Inhábil para hacer frente a otra semana cuando apenas logramos llegar al domingo.
- Inhábil para hablar en público.
- Inhábil para confrontar a un empleado difícil.

- Inhábil para dejar una adicción o hábito largamente practicado.
- Inhábil para aprender un nuevo trabajo después de ser despedido.
- Inhábil para permanecer en un matrimonio que sigue siendo insatisfactorio.
- Inhábil para cuidar a padres envejecientes y a todos los adolescentes.
- Inhábil para seguir viviendo cuando todos los sueños se han destrozado y reducido a cenizas.

¡Si no es una cosa es otra! Créamelo; incluso los que destilan un aire de seguridad y temple luchan secretamente con la inhabilidad. Enfrentémoslo: ser humano es sentirse inadecuado.

LA INESCAPABLE REALIDAD DE NUESTRA INHABILIDAD

La mayoría de personas no se levantan por la mañana sintiéndose adecuadas y seguras. Esto se debe a que ninguno de nosotros puede escapar de las limitaciones de nuestra humanidad. Quizá por eso la Biblia exhorta a los creyentes a esperar el cielo, a esperar el día en que seremos glorificados, totalmente completos en Cristo y ultimadamente satisfechos en nuestro hogar celestial. Pero persiste el hecho de que, mientras estemos atados a este mundo, lucharemos con lo que significa ser humanos, y sentirnos inadecuados para vérnoslas con las demandas y retos de la vida.

Lo que significa inhabilidad

Hurguemos más profundamente en esta plaga insidiosa ¿Qué significa ser *inadecuado*? En lugar de definir algo negativo, permítame tomar otro enfoque y definirlo en forma positiva. ¿Qué significa ser *adecuado*? Significa que uno tiene suficiente capacidad y recursos para cumplir con ciertos requisitos; significa que uno es capaz, que tiene lo que se necesita para realizar una tarea dada o hacerle frente a un reto específico. Ser inadecuado sería todo lo opuesto: ser incapaz y carecer de las capacidades necesarias para completar la tarea; ser insuficiente en lo que uno es y limitado en lo que uno puede hacer.

Por eso casi la mayoría de nosotros disfrazamos nuestras inhabilidades. Es difícil admitir nosotros mismos, mucho menos ante otros, que somos débiles e incapaces; así que, en lugar de eso, simulamos que lo tenemos todo bajo control. Actuamos como si fuéramos capaces de manejar las situaciones más retadoras de la vida cuando, en verdad, no lo somos. Somos básicamente *impotentes* para enfrentar la mayoría de las cosas que encontraremos en este mundo; y en realidad hay una razón sencilla para eso: Así es como fuimos creados. Así es como nos hizo Dios.

Por qué existe la inhabilidad

Pocas personas en la Biblia lucharon con la inhabilidad a tal profundidad como el apóstol Pablo. Esto tal vez le sorprenda, pero es absolutamente verdad. En sus propias palabras él admite que pocas veces se sentía a la altura de la tarea. Mientras el gran apóstol contemplaba las consecuencias eternas de su ministerio, luchaba con intensos sentimientos de inhabilidad: "Porque para Dios somos grato olor de Cristo en los que se salvan, y en los que se pierden; a éstos ciertamente olor de muerte para muerte, y a aquéllos olor de vida para vida. Y para estas cosas, ¿quién es suficiente?" (2 Corintios 2:15-16).

Yo he librado la misma lucha. A menudo al final de todo un día de ministerio, conduzco a casa suspirando, pensando: *No soy apto para atender las exigencias de una variedad tan amplia de necesidades.* En ocasiones el puro peso de las responsabilidades me hace cuestionar mi capacidad. Como Pablo, yo también pregunto: *¿Quién en el mundo es suficiente para algo como esto?*

A decir verdad, nadie es apto lo suficiente; ni usted ni yo, y ni siquiera Pablo. Con todo, él disfrutó de un significativo éxito en el ministerio. Así que, ¿cómo sucedió eso? ¿Dónde consiguió él su poder? Él contesta a esa pregunta en 2 Corintios 3, cuando escribe:

> Y tal confianza tenemos mediante Cristo para con Dios; no que seamos competentes por nosotros mismos para pensar algo como de nosotros mismos, sino que nuestra competencia proviene de Dios, el cual asimismo nos hizo ministros competentes de un nuevo pacto, no de la letra, sino del espíritu; porque la letra mata, mas el espíritu vivifica (2 Corintios 3:4-6).

No se pierda esas cinco palabras: "nuestra competencia proviene de Dios." Sin Él y el poder que derrama en nosotros, somos increíblemente anémicos. La mayor parte del tiempo nuestra flaqueza está a la vista de todos; no la podemos esconder.

Recuerdo un incidente que presencié al mirar por las persianas abiertas de un cuarto de hospital. Mientras observaba el lote de estacionamiento, noté a dos hombres junto a un carro con una puerta abierta. Uno de los hombres estaba en una silla de ruedas, obviamente imposibilitado de moverse. El hombre que estaba tratando de levantarlo de la silla para meterlo al carro era sumamente paciente y fuerte. Tenía que serlo; parecía que el anciano en la silla de ruedas no podía mover ni un solo músculo del cuello para abajo.

En un momento en particular, una de las manos del discapacitado se metió entre los radios de una de las ruedas de la silla. Con notoria paciencia, el que lo cuidaba delicadamente sacó la mano inerte y la puso fuera de peligro. Con mucho cuidado introdujo una mano debajo de las rodillas del anciano y luego introdujo su otro brazo detrás de la espalda. Entonces puso su propia mano detrás de la cabeza del hombre, lo levantó y lo colocó en el asiento delantero del carro. Todo el episodio transcurrió como reloj. No pude evitar pensar que esta tediosa tarea se había convertido en una incesante rutina para ambos hombres. Con su pierna, el cuidador anónimo empujó la puerta, se inclinó y abrochó el cinturón de seguridad del otro, verificó para asegurarse de que todo estaba en orden y entonces cerró la puerta suavemente. Después se agachó y empezó a doblar la abultada silla de ruedas y la levantó para ponerla en la cajuela.

Él hizo *todo eso* por el hombre que estaba sentado en el auto. Estoy seguro, quienquiera que haya sido, que lo había hecho cientos de veces y lo haría cientos de veces más. Nuestra tendencia es pensar sólo en las luchas del discapacitado; pero lo que quiero subrayar es el desgaste de energía del cuidador.

Una discapacidad física como ésta no se puede ocultar. Las discapacidades que uno de esos hombres soportaba eran tan evidentes como la silla que sostenía su cuerpo inmóvil. Pero lo que tendemos a olvidar es el profundo sentido de impotencia que el cuidador debe sentir cada día, soportando la realidad insuperable y tareas interminables de cuidar a un ser querido que no se puede valer por sí mismo.

Dondequiera que miramos descubrimos la insuficiencia humana. Obviamente, no todos tenemos que luchar con flaquezas físicas tan severas; pero el hecho es que *somos* débiles emocional, espiritual, intelectual y mentalmente. Somos incapaces de glorificar a Dios por cuenta e iniciativa propia. Si vamos a ser sus pies y manos, su voz y su presencia, sólo será con su ayuda; y por eso Él permite el sentido de ineptitud. *Sentirnos inadecuados nos obliga a depender completamente en Dios para poder y fortaleza.* Le sugiero que lea otra vez esa oración, sólo que esta vez léala de manera pausada y en voz alta. ¡Permítale que penetre! Esta es una verdad difícil de digerir para el individuo orgulloso y agresivo.

No es sorpresa que esta sea una verdad que los discípulos de Cristo tuvieron dificultad de abrazar, especialmente después de haber sido comisionados para recorrer el mundo y proclamar la luz de Dios en medio de inmensas tinieblas espirituales. ¿Se imagina la confusión de ellos cuando todo el peso de la comisión divina de Cristo les cayó encima? No olvide que ellos la oyeron por primera vez ¡cuando Jesús estaba dejando la tierra!

INADECUADOS PARA LA TAREA QUE DIOS DA

Como Pablo, los discípulos se dieron cuenta que estaban mal preparados para comenzar un ministerio mundial. Su sentido de inhabilidad sólo se intensificó al enfrentarse a la culpa y vergüenza de haber abandonado a Jesús. Con todo, después de la resurrección, Jesús los comisionó para que hagan discípulos a todas las naciones. ¿Cómo podría un grupo de seguidores rústicos y nada sofisticados convertirse en instrumentos de poder para cumplir una misión humanamente imposible?

Un vistazo a las Escrituras nos da una respuesta a esa pregunta.

Un estudio de contrastes

Después de la resurrección, los discípulos se encontraron con Jesús en Galilea. Mateo, uno de los once fieles, recuerda lo que ocurrió cuando escribe: "Pero los once discípulos se fueron a Galilea, al monte donde Jesús les había ordenado. Y cuando le vieron, le adoraron; pero algunos dudaban" (Mateo 28:16-17).

Piense en los contrastes entre Jesús y los discípulos. Por una parte, tenemos once discípulos temblando, confusos y dudando. Por otro lado tenemos al Señor todopoderoso, completamente suficiente y resucitado. Ellos eran humanos: limitados, débiles, frágiles e proclives al fracaso. Él era el Mesías prometido de Dios, plenamente humano y plenamente divino, omnisciente, omnipotente, omnipresente y deidad todo suficiente.

Entre el grupo estaba Pedro, que deliberadamente había negado a Jesús, un ex-cobrador de impuestos, y un par de pescadores cascarrabias de Galilea. Ellos sólo habían visto los milagros que Jesús había realizado. Los discípulos temieron la tormenta que rugía en el mar de Galilea, y Jesús ordenó al viento y las olas que se calmaran. Los discípulos huyeron del huerto de Getsemaní; Jesús enfrentó su muerte con determinación inquebrantable.

No quiero dar la impresión de que los discípulos fueran inferiores en inteligencia o que andaban escasos de celo o devoción. Simplemente eran humanos; devotos y dispuestos, pero incuestionablemente inadecuados.

Pero todo eso estaba por cambiar.

Un mandato y una promesa

Antes que enrosquemos las narices ante los discípulos, admitamos que nosotros también hubiéramos dudado. Sus esperanzas se habían esfumado cuando su Maestro exhalaba el último suspiro en esa cruel cruz. Todo el misterio de la milagrosa resurrección física de Jesús todavía no había penetrado en sus mentes confusas. Las incertidumbres persistían ... algunas pequeñas y fugaces, otras más significativas y aterradoras. Las preguntas los anegaban. El plan de Cristo para ellos no sólo proveería respuestas claras a sus preguntas, sino también la necesitada solución a sus ineptitudes.

Mateo continúa:

> Y Jesús se acercó y les habló diciendo: Toda potestad me es dada en el cielo y en la tierra. Por tanto, id, y haced discípulos a todas las naciones, bautizándolos en el nombre del Padre, y del Hijo, y del Espíritu Santo; enseñándoles que guarden todas las cosas que os he mandado; y he aquí yo estoy con vosotros todos los días, hasta el fin del mundo (Mateo 28:18-20).

Jesús les había dado a los discípulos la orden de "hacer discípulos a todas las naciones"; pero para hacerlo tenían que dejar la comodidad y tranquilidad de su propio entorno. Tenían que dejarlo todo para obedecerle a Él. Tendrían que doblegarse bajo el peso de una asignación tan gigantesca. ¿Cómo podrían posiblemente lograr lo que Él esperaba de ellos (especialmente siendo que pronto Él se iría)? Ellos no estaban equipados para realizar milagros como lo estaba Jesús. Ellos no podían leer los corazones de la gente como los leía Jesús. Claro, Él había prometido que nunca los abandonaría y que les concedería de su propia autoridad celestial; pero ¿sería eso suficiente? Ellos necesitaban más que una orden y una promesa. Necesitaban poder, ¡el poder de *Él*! De alguna manera tendría que haber una transferencia del poder de Él a cada uno de ellos. Nadie sabía eso mejor que Jesús.

Su poder se perfecciona en la debilidad

Lucas, el escritor del libro de Hechos en el Nuevo Testamento, retoma el relato donde los Evangelios terminan, luego de la resurrección y antes de la ascensión de Cristo al cielo. Lea las palabras de Lucas lenta y cuidadosamente, como si las estuviera leyendo por primera vez. Al hacerlo, ¡recuerde que los discípulos acababan de recibir la comisión y con toda probabilidad estaban luchando con debilitantes sentimientos de incompetencia personal y colectiva!

> Y estando juntos, les mandó que no se fueran de Jerusalén, sino que esperasen la promesa del Padre, la cual, les dijo, oísteis de mí. Porque Juan ciertamente bautizó con agua, mas vosotros seréis bautizados con el Espíritu Santo dentro de no muchos días ... pero recibiréis poder, cuando haya venido sobre vosotros el Espíritu Santo, y me seréis testigos en Jerusalén, en toda Judea, en Samaria, y hasta lo último de la tierra (Hechos 1:4-5, 8).

Ya anteriormente Jesús les había hablado a los discípulos de ese poder. Les había explicado cómo el Espíritu Santo vendría y les daría poder. Eso ocurrió cuando estuvieron reunidos con Jesús en el aposento alto, en alguna casa en algún lugar de Jerusalén (Juan 13—16). Allí fue donde Jesús les habló acerca de una transferencia de autoridad, un depósito de poder en ellos, que superaría su debilidad y les capacitaría para llevar a cabo la comisión.

Jesús les estaba pidiendo lo imposible a un pequeño grupo de evangelistas renuentes; pero ese era precisamente el punto. Ellos necesitaban del poder de *Él* para poder cumplir *su* orden. Ellos necesitaban ser *transformados*. ¿Puedo recordárselo? ¡Nosotros también!

Toda la esperanza y los sueños del mundo no harán posible que yo me siente al piano y toque una sonata de Beethoven como Van Cliburn. Es una idea hermosa pero noción imposible. Pero si el mundialmente renombrado pianista fuera capaz de conferirme todas las destrezas y brillo de su capacidad, respaldada por sus décadas de estudio, práctica e imponente talento, quizá podría hacerlo. Pero no se equivoque, eso requeriría una transferencia del genio musical de Van Cliburn a lo más profundo de mi ser. Literalmente necesitaría su espíritu dentro de mí.

Eso es lo que enfrentamos en la vida cristiana. Cristo nos ha dado su poder por la presencia del Espíritu Santo que nos llena. El Espíritu Santo mora en nosotros cuando acudimos a Dios por fe en su Hijo. No hay que orar, danzar, esperar, gritar o rogar por poder divino. Si usted es un seguidor de Cristo, *ya tiene* el poder de Cristo en usted. Literalmente, el Espíritu Santo reside en su ser. Mientras más le rinda su vida a Él, más de su poder fluye por usted. Él está allí, capaz y listo para llenarnos de poder. ¿No son éstas buenas noticias?

Ahora volvamos al primer siglo. Los discípulos debían esperar en Jerusalén hasta que el poder del Espíritu descienda sobre ellos. Sería el mismo poder que ellos vieron en acción en la vida milagrosa de Jesús. Sería un poder lo suficientemente fuerte como para transformar a estos hombres llenos de ineptitud, limitaciones y temor, en intrépidos, valientes y competentes testigos de Cristo. ¡Hablando de ser *transformados*!

En su obra clásica *The Training of the Twelve* [La capacitación de los doce], A. B. Bruce, erudito estudioso del Nuevo Testamento, escribe:

> Todo eso ganarían los apóstoles de la misión del Consolador: iluminación de la mente, engrandecimiento del corazón, santificación de sus facultades y la transformación de su carácter, hasta convertirlos en espadas afiladas … para doblegar al mundo a la verdad; esto, o el efecto combinado de éstos, constituye el poder que Jesús les ordenó que esperaran.

... Evidentemente era indispensable para el éxito.

... Había que evangelizar al mundo, pero no por hombres en cargos eclesiásticos, con ropajes festivos y coloridos, sino por hombres que habían experimentado el bautismo del Espíritu Santo y que estaban visiblemente revestidos del poder divino de sabiduría, amor y celo.

Así como el poder prometido era indispensable, también era por naturaleza algo sencillo que había que esperar. A los discípulos se les ordenó que esperaran hasta que llegara. Tampoco debían intentar hacer nada sin eso ... Ellos entendían claramente que necesitaban de ese poder, pero no era algo que se podía conseguir, sino que tendría que descender.[1]

Y ciertamente, el poder descendió. Hechos 2 registra el asombroso suceso cuando el Espíritu vino como había sido prometido. Los discípulos fueron completamente transformados y la iglesia nació. ¿Seguían los discípulos siendo hombres, meramente humanos? Sí; pero desde muy profundo de su ser salió un poder que les habilitó y que resultó en que pusieron al mundo de cabeza.

PODER EN LUGAR DE INEPTITUD

Quiero concluir dirigiendo mis pensamientos a cualquiera que esté dispuesto a encontrar a Cristo en los tiempos difíciles de la inhabilidad. Espero que eso le incluya a usted. No importa cuánto tiempo se haya sentido así, ni importa cuán profunda sea la desesperanza, la respuesta que necesita es una Persona, cuyo nombre es Jesús. Sólo Él tiene el poder que usted necesita para contrarrestar su debilidad. Recuerde, Jesús murió por su pecado y por sus inhabilidades.

A continuación indico un par de principios sencillos para que usted pueda poner en su lugar para aplicar el poder de Cristo a su inhabilidad.

Primero, admita sus inhabilidades. Este es el paso inicial para recibir el poder de Dios. Nunca he visto a nadie vencer en la lucha de un profundo y debilitante sentido de inhabilidad sin antes reconocer su necesidad de la ayuda de Dios. Eso es cierto en cuanto a drogadictos, adictos al sexo, al alcohol, a las apuestas, los que maltratan a sus cónyuges, los buscapleitos, fanáticos, holgazanes, perfeccionistas, preocupados, impacientes, temerosos, deprimidos, desobedientes y hasta los que están muriéndose. La categoría de su debilidad no importa; decir verdad, mientras más imposible de superar, mejor. Es allí donde usted y yo con mayor probabilidad reconoceremos nuestra desesperada necesidad del poder de Dios.

Si usted es demasiado orgulloso como para admitirlo, seguirá sin poder en su inhabilidad. Es así de sencillo. El apóstol Pablo sabía que el poder residía en la debilidad y humildemente admitió su necesidad del poder de Dios.

Así que, hermanos, cuando fui a vosotros para anunciaros el testimonio de Dios, no fui con excelencia de palabras o de sabiduría. Pues me propuse no saber entre vosotros cosa alguna sino a Jesucristo, y a éste crucificado. Y estuve entre vosotros con debilidad, y mucho temor y temblor; y ni mi palabra ni mi predicación fue con palabras persuasivas de humana sabiduría, sino con demostración del Espíritu y de poder (1 Corintios 2:1-4).

Pero tenemos este tesoro en vasos de barro, para que la excelencia del poder sea de Dios, y no de nosotros (2 Corintios 4:7).

Escuche la historia personal de Pablo. Eso explica cómo él reconoció su inhabilidad y encontró que esa era la forma en que Dios habría de usarle aun más efectivamente.

Y para que la grandeza de las revelaciones no me exaltase desmedidamente, me fue dado un aguijón en mi carne, un mensajero de Satanás que me abofetee, para que no me enaltezca sobremanera; respecto a lo cual tres veces he rogado al Señor, que lo quite de mí. Y me ha dicho: Bástate mi gracia; porque mi poder se perfecciona en la debilidad. Por tanto, de buena gana me gloriaré más bien en mis debilidades, para que repose sobre mí el poder de Cristo. Por lo cual, por amor a Cristo me gozo en las debilidades, en afrentas, en necesidades, en persecuciones, en angustias; porque cuando soy débil, entonces soy fuerte (2 Corintios 12:7-10).

Si el apóstol fuera resucitado hoy y llevado a la catedral de San Pablo en Londres, se estremecería de vergüenza. Él nunca hubiera aprobado que se construyera en su honor una estructura tan elaborada. Hasta el día de su muerte Pablo permaneció como uno de los siervos más humildes y que más se negó a sí mismo que la iglesia haya conocido. Él entendió el poder de la debilidad como nadie antes o después que él. No importa cuando tiempo haya usted caminado con el Salvador, si su iglesia es grande o no, o cuánta ofrenda da para el ministerio; *cada gramo de su competencia viene de Dios, y no de usted mismo.* Después de admitir eso, ¡que nunca lo olvidemos!

Segundo, aprópiese del poder de Cristo. Este es el secreto máximo para vivir sobre el lastre de nuestra humanidad. Quiero llevarle de regreso a un tiempo especialmente difícil en mi propia vida, que ocurrió a mediados de la década de los años sesenta. Dejaré a un lado los detalles de la situación, pero debe saber que yo había llegado al punto más bajo de mi vida adulta. Estaba confundido en cuanto a lo que necesitaba hacer, desconcertado por el silencio de Dios, y frustrado por mis circunstancias. Me sentía completamente solo en mi lucha. La inhabilidad me tenía agarrado por el cuello y yo me estaba asfixiando por su apretón. No sabía absolutamente qué hacer, con quién hablar o cómo podría seguir adelante. Sentía que estaba absolutamente al final de la cuerda.

Recuerdo haber salido por la puerta trasera de nuestra casa hasta un callejón que se extendía hasta la calle siguiente. Completamente solo, sollozando audiblemente, di una larga caminata bajo la luz de la luna; y le conté *todo* a Dios, sin escatimar nada. Mis sollozos se intensificaron. De pronto todo el temor y el dolor brotaron en torrente de mi corazón con una descarga de emoción. Me detuve y miré a la luna. Entonces deliberadamente le entregué a Dios el peso de la carga que había estado llevando por tanto tiempo. Había disfrutado de cierta medida de éxito, tanto en el seminario como en mis primeros años de ministerio, pero la prueba en que estaba no cedía. De hecho, estaba empeorando. Nadie en el mundo conocía el dolor de mi alma. Otros me miraban como fuerte, pero yo estaba destrozado por los sentimientos de debilidad; otros me habrían considerado como alguien seguro, pero no lo era.

Solo en la oscuridad, en el callejón detrás de mi casa, me arrodillé y reconocí ante Dios mi inhabilidad; y luego clamé por su poder todo suficiente. Al instante sentí como si se me hubiera quitado de los hombros una media tonelada. Me puse de pie, cesaron los sollozos y hubo una transformación que vino sobre mí mientras regresaba a casa.

Nunca he mirado atrás. Por supuesto que he tenido recaídas en el temor y las dudas, pero nunca olvidaré el momento en que le entregué todo a Dios y sentí que su poder tomaba el control.

Cuando volví al porche de casa sentía un alivio increíble. Puedo recordarlo hasta este día, a pesar de que ocurrió hace más de cuatro décadas. Sentí que volvía una oleada de fortaleza. Sólo Jesús pudo transformar mi debilidad en fortaleza; y una confianza tranquila me abrumó. Sólo Jesús pudo transformar mi ineptitud en confianza, y también lo puede hacer en usted. ¡Le insto a que se lo permita!

¿No ha vivido ya lo suficiente atrapado en la inhabilidad y la duda de sí mismo? ¿No está ya cansado de luchar siempre pensando que se halla fuera de lugar? ¿Quiere admitirlo, ahora? Bien. Ahí es precisamente donde Jesús lo quiere a usted: en el fondo, al fin de la cuerda, al fin de usted mismo.

Es ahí donde Él puede hacer su mejor obra, en su debilidad. Ese es el plan de Él. Él no utiliza personas súper fuertes, impositivas y egocéntricas. Él utiliza personas como usted y como yo: débiles, temblorosos, inadecuados y mal equipados.

Si usted ha retrocedido al callejón de su vida y está empantanado en su inhabilidad, entonces está exactamente en donde Dios necesita que esté para demostrarle su poder. Este es el momento para que se arrodille humildemente ante Él y se rinda. Suelte las riendas, y derrame su corazón.

Usted tiene un Salvador que está esperando para demostrar su gran poder en usted. No pierda ni otro minuto tratando de atravesar los tiempos difíciles de la inhabilidad por cuenta propia. No huya de esta prueba. Corra hacia Él y reciba su poder.

Como lo dijo Pablo, "deje de enfocar su inhabilidad y comience a apreciar la dádiva." Permítale a Cristo que se haga cargo.

Ahora.

Trece

Cuando se atraviesa los tiempos difíciles de la descalificación

POR MUCHOS AÑOS A. W. Tozer escribió como profeta a un pueblo espiritualmente estéril. Estas son algunas palabras aleccionadoras que escribió acerca de los peligros de ser descalificados.

El ministerio es una de las profesiones más peligrosas. El diablo detesta a los ministros llenos del Espíritu con una intensidad inferior sólo a la que sintió por el mismo Cristo. La fuente de ese odio no es difícil de descubrir. Un ministro eficaz semejante a Cristo es una vergüenza constante para el diablo, una amenaza a su dominio, una refutación a sus mejores argumentos y un persistente recordatorio de su derrocamiento inminente. No en balde aborrece a tal ministro.

Satanás sabe que la caída de un profeta de Dios es una victoria estratégica para él, así que no descansa ni de día ni de noche diseñando trampas ocultas y tropiezos para el ministro. Tal vez una figura más apropiada sería la de un dardo envenenado que sólo paraliza a la víctima, porque pienso que Satanás tiene escaso interés en matar de inmediato al predicador. Un ministro medio vivo e ineficaz es una mejor propaganda del infierno que un buen hombre muerto …

Hay en verdad algunos peligros muy reales del tipo más grotesco contra los que el ministro se debe guardar, como el amor al dinero y las mujeres; pero los peligros más mortíferos son mucho más sutiles que esos.[1]

A pesar de que las palabras de Tozer se dirigen específicamente a los ministros, tienen que ver con todos los creyentes que invocan el nombre de Cristo. Los peligros que enfrentamos son igual de sutiles. Todos nosotros debemos estar en guardia contra las insidiosas maquinaciones del diablo.

De hecho, este es un buen lugar para insertar algunos pensamientos sobre una tendencia particularmente inquietante, que ya mencioné en el capítulo 1. Mis pensamientos vuelven a los peligros de la pornografía por la Internet.

El terror llena nuestros corazones cuando oímos que otra muchacha ha desaparecido. Vemos su retrato sonriente en la pantalla del televisor, o leemos sobre ella en el periódico, y nos preguntamos de inmediato si habrá sido violada y asesinada. Esa es la realidad en muchos casos, y en una gran mayoría de esas tragedias la parte culpable estaba involucrada en algún tipo de pornografía. Tristemente esa es la realidad del mundo actual.

Como creyentes generalmente nos hemos sentido inmunes de los males de nuestra sociedad, que el cuerpo de Cristo estaba aislado de los pecados más oscuros cometidos por los que pertenecen al mundo. Pero actualmente hay un mal que se ha introducido subrepticiamente en el mismo corazón de nuestras iglesias y familias. Ese mal, repito, es la pornografía cibernética.

A estas alturas seguramente usted ya ha oído las estadísticas: una de cada dos personas que asisten a la iglesia está activamente metida en la pornografía por la Internet. Nueve de cada diez niños entre las edades de ocho y dieciséis años se han visto expuestos a la pornografía cibernética; la mayoría de ellos accidentalmente, mientras hacían sus tareas escolares en línea. Y un 37 por ciento de los pastores dicen que la pornografía por la Internet es una lucha actual en sus vidas. Muchos empiezan viéndose expuestos a imágenes que aparecen en la pantalla inesperadamente, por correos electrónicos no solicitados o al conectarse con enlaces a sitios de la red que llevan nombres al parecer inocentes. Y cuando una imagen seductora relampaguea ante los ojos, es difícil vencer la tentación, especialmente para los hombres.

La Internet se ha convertido en una parte integral de nuestras vidas, y todos sabemos que tiene mucho de bueno, pero igualmente hay mucho que es mortífero. Por lo tanto, es nuestra responsabilidad como creyentes protegernos de los peligros que son parte del uso de la Internet. La siguiente es una forma en que podemos hacerlo.

Si usted entiende inglés, BsafeOnline es a mi juicio el mejor programa de filtro de Internet para la familia cristiana, y se lo recomiendo altamente. Bsafe es un producto de *software*, no un proveedor de servicio de Internet, de modo que trabaja junto a su proveedor (como AOL), y no afecta a su velocidad de conexión. Se lo puede ajustar a la medida, de acuerdo a sus necesidades personales. Además, es puesto al día *diariamente*, así que no necesita actualizaciones manuales. Búsquelo en www.bsafeonline.com.

Tengo una opinión tan alta de este producto que recomiendo a toda familia creyente que aproveche esta protección. En realidad, pienso que se debería instalar Bsafe en todas las iglesias, escuelas, oficinas y dondequiera que creyentes utilizan las computadoras.

Como creyentes somos responsables ante Dios por nuestros seres queridos. Deuteronomio 22:8 dice: "Cuando edifiques casa nueva, harás pretil a tu terrado, para que no eches culpa de sangre sobre tu casa, si de él cayere alguno."

Necesitamos construir un pretil, o muro, alrededor del uso de la Internet a fin de que nos proteja para no caer en el abismo sin fondo de la depravación que está presente en la Internet. Bsafe puede ser esa pared.

Bsafe también provee otra solución que ya mencioné anteriormente. Se llama NetAccountability. Con este dispositivo un informe de su actividad en la Internet puede ser enviado semanalmente hasta a tres individuos ante quienes usted quiere rendir cuentas por su uso de la Internet. En ese informe, sus "compañeros de responsabilidad" recibirán informes regulares que detallan dónde ha estado usted en la Internet y cuánto tiempo. Eso provee la oportunidad de tener comunicación regular con su compañero que le exige cuentas de todas sus actividades en la Internet. NetAccountability (www.netaccountability.com) es excelente para los que luchan por vencer las tentaciones de la pornografía cibernética.

En mi opinión, Bsafe es uno de los productos de *software* más efectivos de filtro para la Internet que hay en el mercado. Sin embargo, la administración de la empresa Bsafe comprende claramente que la tecnología no es la respuesta real a la pornografía por la Internet, y que la única respuesta es el cambio del corazón que sólo Cristo puede realizar. Pero Bsafe provee una forma segura y confiable para que los creyentes eviten la avalancha de tentación que llega con el uso de la Internet.

Pienso que eliminar del cuerpo de Cristo la pornografía cibernética es una batalla que se puede ganar, y que a la larga resultará por el arrepentimiento, la oración y tiempo diario con la palabra de Dios. Otras armas vitales en esta batalla incluyen el rendir cuentas, y evitar las tentaciones que nos seducen al pecado. Bsafe provee esas últimas dos armas, y espero que usted las aproveche.

Puede hacerlo visitando el sitio *Insight for Living* en www.insight.org, o, en español, en www.visionparavivir.org, el sitio web de Visión Para Vivir, el ministerio en español de *Insight for Living*. Ahí hallará instrucciones para conectarse con el sitio de BsafeOnline, de donde usted puede instalar el *software* fácilmente en su computadora. El programa de Bsafe evitará incluso la exposición accidental a la pornografía de anuncios. Como mencioné en el primer capítulo, se calcula que dos mil quinientos nuevos lugares de pornografía se introducen semanalmente en la Internet. La estrategia de mercadeo que usan es lograr exponerlo a usted accidentalmente a sus sitios mediante ingeniosos esquemas de mercadeo. Eso explica cómo hay niños incluso de ocho años que se han vuelto adictos a la pornografía, y alimentan esa adicción a media noche, cuando sus padres están durmiendo. Es imperativo, por consiguiente, que todos los padres consideren esa pequeña inversión para la protección de sus hijos. Sobra decir que, puesto que son los adolescentes y adultos los que visitan la mayoría de sitios pornográficos, esta protección es necesaria para todos, especialmente para los que libran una batalla constante por la pureza moral.

UNA CULTURA SIN TEMOR

Francamente me preocupa la ausencia actual del temor entre el pueblo de Dios, lo que nos deja extremadamente vulnerables a los peligros sutiles mencionados arriba. No pretendo inculcar terror, pero sí un temor respetuoso y saludable a Dios. Esto incluye un reconocimiento del hecho de que hay consecuencias buenas y malas en todas nuestras acciones, y que tenemos que actuar con responsabilidad. Ser proactivos es esencial si esperamos andar en pureza.

Tristemente, muchos creyentes viven descuidadamente, Nuestra cultura superficial no promueve un temor sano de descalificación. ¡Eso es peligroso! Los que viven en esa descuidada indiferencia corren el riesgo de ser vergüenza para su Maestro y bailan peligrosamente cerca del borde de descalificarse a sí mismos para el servicio. Cuando un ministro cae moralmente, el impacto tiende a ser más escandaloso. Con certeza sufre la congregación en que sirve; su familia inmediata siente las heridas incluso más profundamente, y además la comunidad en donde sirve recibe el golpe del daño. Cada vez que algún creyente cae en pecado, el testimonio del evangelio se reduce, si acaso no queda silenciado del todo. Por eso atravesar los tiempos difíciles de la descalificación es tan esencial, porque hay mucho en juego. La palabra de Dios provee un cuadro claro del estándar de justicia que los creyentes deben defender, y también revela las devastadoras consecuencias que ocurren si no lo hacemos.

CUADROS VERBALES BÍBLICOS DE UNA VIDA BIEN VIVIDA

En el capítulo 11 tratamos a fondo del tema de la hipocresía. Al hacerlo descubrimos que la perspectiva de Cristo en cuanto a los hipócritas fue muy directa. Lo dijo en pocas palabras: "No sean como ellos" (ver Mateo 6:8). A menos que seamos diferentes de los que viven como si Dios no existiera, corremos el riesgo de ser descalificados. Por eso Él fue tan severo en su condenación de los fariseos. Así que, ¿cómo debemos ser?

Como sal y luz

Lenta y cuidadosamente lea las palabras de Jesús registradas en Mateo 5, en la porción de la Escritura que se conoce como el Sermón del Monte.

> Vosotros sois la sal de la tierra; pero si la sal se desvaneciere, ¿con qué será salada? No sirve más para nada, sino para ser echada fuera y hollada por los hombres.
>
> Vosotros sois la luz del mundo; una ciudad asentada sobre un monte no se puede esconder. Ni se enciende una luz y se pone debajo de un almud, sino sobre el candelero, y alumbra a todos los que están en casa. Así alumbre vuestra luz delante de los hombres, para que vean vuestras buenas obras, y glorifiquen a vuestro Padre que está en los cielos (Mateo 5:13-16).

Debemos ser la clase de personas que despierta en otros una sed de Dios. Debemos hacerles sentir sed de las cosas eternas. Eso es lo que Cristo quiere decir con ser *sal*. La sal tiene una cualidad preservativa. Sin sal, la comida sabe insípida … y en última instancia, inservible.

Jesús también subrayó la importancia de que seamos reflectores de la luz eterna de Dios. La forma en que vivimos dispersa las tinieblas espirituales que impregnan este caótico mundo. Como velas encendidas los creyentes alumbran el mundo con los rayos luminosos de la gracia y el amor de Cristo. Trágicamente el mundo está lleno de lámparas que una vez ardían brillantemente pero que se han apagado. La sal ha perdido su sabor. Cada uno de nosotros puede determinar una diferencia viviendo rectamente "en medio de una generación maligna y perversa" (Filipenses 2:15).

Además de ser sal y luz, Pablo provee otro vívido cuadro verbal sobre cómo debemos vivir.

Un atleta bien entrenado

Los atletas triunfadores no nacen, se cultivan deliberadamente. En 1 Corintios 9 Pablo provee un cuadro mental digno de consideración: el cuadro de uno que disciplina y desarrolla su cuerpo y mente para llevar una vida cristiana efectiva: "¿No sabéis que los que corren en el estadio, todos a la verdad corren, pero uno solo se lleva el premio? Corred de tal manera que lo obtengáis. Todo aquel que lucha, de todo se abstiene; ellos, a la verdad, para recibir una corona corruptible, pero nosotros, una incorruptible" (1 Corintios 9:24-25). Aprecio la noción que provee un autor sobre este tema contundente.

[Pablo] les insiste a esos corintios que querían tomar la vía fácil que nadie jamás llega a algún sitio sin una rígida disciplina propia. El cuadro del atleta siempre fascinó a Pablo. El atleta debe entrenar intensamente a fin de ganar en una competencia; y Corinto sabía lo emocionante que podían ser las competencias, porque en Corinto se realizaban los Juegos Ístmicos, cuya fama superaba sólo la de los Olímpicos. Todavía más, el atleta se sometía a esta severa disciplina propia y entrenamiento para ganar una corona de hojas de laurel que se marchitaban en pocos días. ¿Cuánto más debe el creyente disciplinarse a sí mismo para ganar la corona que es la vida eterna?[2]

Pablo tenía en mente una corona incorruptible, que nunca perdería su brillo. También sabía que esos premios no se conceden automáticamente. Lo que se le exige a todo el que lo desea es una vida de riguroso entrenamiento espiritual, al competir en el juego a fin de ganar el premio. Eso explica por qué escribió: "Así que, yo de esta manera corro, no como a la ventura; de esta manera peleo, no como quien golpea el aire, sino que golpeo mi cuerpo, y lo pongo en servidumbre, no sea que habiendo sido heraldo para otros, yo mismo *venga a ser eliminado*" (vv. 26-27). Pablo esperaba ganar el premio, pero entendía el sacrificio que se requería para recibirlo: una vida bien vivida, libre de las conductas y actitudes que lo descalificarían.

Algo así de importante merece una buena dosis de atención.

Cuando la descalificación se vuelve personal

¿Qué significa ser *descalificado*? Henry Alford, erudito del Nuevo Testamento y antiguo rector de Canterbury, explica: "Un examen de los combatientes victoriosos tenía lugar después de la competencia, y si se comprobaba que habían competido de manera ilegal o injusta, se les quitaba el premio y se los expulsaba en desgracia de los juegos."[3]

La palabra griega que Pablo usa para "ser eliminado" es *adokimos*. En los días de Pablo, y especialmente en la antigua cultura griega, había pocas cosas más vergonzosas para una comunidad que ver a su atleta estrella *adokimos*: descalificado de la competencia.

Ya no se oye mucho de esto en nuestra época de atletas prima donna. A pocos atletas se los descalifica absoluta y permanentemente. Sólo escasa evidencia de estándares tan altos queda incluso en nuestro sistema militar. Recuerdo hace muchos años cuando yo estaba en la marina ver cómo algunos hombres perdían el derecho de llevar su grado. Tenían que presentarse ante sus oficiales de mando y soportar la humillación de ver cómo les arrancaban de las mangas sus galones, dejándolos colgando parcialmente desgarrados. He visto sargentos y suboficiales despojados de su grado y degradados frente a sus compañías. He visto angustiado cómo los oficiales realizaban ese solemne deber con lágrimas de lamento y tristeza. Es horrible ser descalificado públicamente ... y es igualmente horrible presenciarlo.

Por supuesto, no me estoy refiriendo aquí a los Juegos Olímpicos o las fuerzas militares estadounidenses. Estoy tratando de destacar la enorme responsabilidad, el alto privilegio de llevar el mensaje del Salvador; y luego, por una vida descuidada e irresponsable, ser despojado de todo. Admito que no todos son tan meticulosos como yo. Con todo, quisiera presentar el reto de que alguien busque y halle en las Escrituras un solo lugar que ofrezca una transición rápida e indolora desde la descalificación hasta algún rango significativo en el ministerio. A veces me siento como una voz en el desierto aferrándome a estas convicciones profundas; pero estoy convencido que existe una posibilidad real de *descalificación*.

Permítame ser claro: Si usted conoce a Cristo como Salvador y Señor, no puede perder su esperanza del cielo o la promesa garantizada de su gracia perdonadora. Su salvación es eterna una vez que usted ha confiado en Cristo por la fe. Nuestro Dios está lleno de gracia y es fiel para perdonar.

Lo que sí puede perder es el magnífico privilegio y bendición de servirle a Él públicamente y en lugares significativos de ministerio. Y que esta palabra vaya a todas las universidades bíblicas, seminarios e instituciones de capacitación para el ministerio: guarden lo que se les ha dado al influir a los hombres y mujeres jóvenes llamados para proclamar el evangelio. Exhórtenlos a cultivar una pasión profunda por la palabra de Dios, una devoción inquebrantable a la iglesia de Cristo y una incansable búsqueda de santidad y pureza en su vida personal y el ministerio público. ¡Cada nueva generación debe recibir el reto de mantener un estándar alto!

Cultivar y mantener un temor sano del Señor es para todos los creyentes, especialmente los que están entrando al ministerio. Eso explica por qué tomamos tan en serio nuestra ordenación oficial. El respeto que recibimos de aquellos a quienes servimos depende de eso. Los niños y niñas pueden entonces tener la confianza de fijar sus ojos en su pastor principal, o pastores de jóvenes o el obrero de Escuela Dominical como un modelo y decir: "Hay por lo menos una persona que yo conozco y que cumple su palabra. Puedo confiar en esa persona." Cuánto quisiera que esto fuera restaurado en nuestro gran país. Mi corazón se parte cada vez que oigo el relato de otra caída.

Ahora bien, nuestra tendencia es pensar que los peligros vienen como resultado de que somos parte de un mundo pecador. Eso es cierto solamente en parte. El secreto está en establecer linderos personales. Si alguien mantuvo linderos de protección apropiados contra la seducción del mundo, ese fue Pablo. Él no se dejó contaminar por el sistema. Toda su vida estuvo comprometida a buscar las cosas espirituales. Amaba al Señor. A semejanza de Cristo, él permanece hasta hoy día como modelo de excelencia de una vida santa. Sin embargo, aun Pablo con todo su celo y devoción vitalicia a Cristo, corría el riesgo debido a su exposición a las cosas espirituales. Tanto usted como yo sabemos que la exposición en demasía a la verdad espiritual puede fomentar una indiferencia peligrosa y llevarnos a dar por sentado las cosas que importan. ¡Qué fácil es desarrollar un espíritu mecánico en el desempeño de actividades espiritualmente significativas!

CUANDO SE ATRAVIESA TIEMPOS DIFÍCILES

Los peligros silenciosos de la mucha exposición

Quizás Pablo sintió un fogonazo de discernimiento cuando les escribía estas advertencias a los creyentes de Corinto. Le vino a la mente una ilustración del Antiguo Testamento como un cuadro apropiado de los peligros de la exposición en demasía. Escribió cómo el pueblo de Israel recibía la gloria de la bondad y provisión de Dios mientras que descuidaban las actitudes de sus corazones.

> Porque no quiero, hermanos, que ignoréis que nuestros padres todos estuvieron bajo la nube, y todos pasaron el mar; y todos en Moisés fueron bautizados en la nube y en el mar, y todos comieron el mismo alimento espiritual, y todos bebieron la misma bebida espiritual; porque bebían de la roca espiritual que los seguía, y la roca era Cristo (1 Corintios 10:1-4).

Ese es el cuadro. Los israelitas lo tenían todo al vivir bajo la generosa provisión de Dios y su nube protectora. Tenían todo lo que necesitaban. Dios los guió en el éxodo, estuvo con ellos en toda su jornada a la Tierra Prometida. Con certeza ellos serían la personificación de seguidores fieles, y con certeza pondrían en práctica su responsabilidad de vivir vidas santas. *¡No!* Pablo escribe: "Pero de los más de ellos no se agradó Dios; por lo cual quedaron postrados en el desierto" (v. 5).

Si usted hubiera vivido como hebreo en esa generación cuando Moisés se presentó ante el faraón, habría sabido cuál era su posición ante Dios. Se habría dado cuenta de que usted pertenecía al pueblo escogido de Dios, ¡un judío que presenció el éxodo! Era un grupo maravilloso entre quienes ser contado.

¿Qué hubiera experimentado usted? Usted habría estado "bajo la nube," disfrutando de *dirección sobrenatural.* Habría estado entre los que "pasaron el mar," experimentando allí *liberación sobrenatural.* Imagínese ser parte de esos sucesos que aturden.

Usted se habría gloriado en la bendición de ser parte del rebaño de Moisés, beneficiándose de sus notables dones y *liderazgo sobrenatural.* No le faltaría nada. Usted habría tenido provisión ilimitada de comida y agua, ninguna preocupación por un lugar en donde quedarse, ningún temor de extraviarse en la agreste extensión del desierto. Nada de eso. Ciertamente los judíos deben haber sido un pueblo fiel y agradecido.

¡Ni soñarlo! Ellos fueron todo excepto eso. Habían engordado y se habían vuelto bien pagados de sí mismos, expuestos en demasía a las bendiciones de la bondad de Dios. En palabras de Pablo, Dios los descalificó a todos.

Tal como los atletas bien entrenados y altamente talentosos pueden caer en drogas y perder su forma, convirtiéndose en guiñapos, así podemos nosotros, que conocemos y disfrutamos de las bendiciones de Dios, terminar acabados. También nosotros podemos ser descalificados. La gente competente, capaz y talentosa es presa fácil para los depredadores de la descalificación. Demasiado de cosas buenas nos deja vulnerables. Al ser expuestos en demasía podemos volvernos indiferentes, ociosos, carnales, descontentos y finalmente perdemos el contacto.

Recordemos que las palabras de Pablo no fueron preservadas en las páginas de la Biblia simplemente para beneficio de los historiadores. En tonos sombríos Pablo martilla su preocupación principal, recordándonos que "estas cosas les acontecieron como ejemplo, y están escritas para amonestarnos a nosotros, a quienes han alcanzado los fines de los siglos" (v. 11). Como lo dice la

Versión Popular: "Todo esto les sucedió a nuestros antepasados como un ejemplo para nosotros, y fue puesto en las Escrituras como una advertencia para los que vivimos en estos tiempos últimos."

La palabra griega que se traduce como "ejemplo" es *tupos*, que literalmente significa "asestar un golpe," como un troquel que deja una impresión permanente. La impresión permanece en la mente como un recordatorio continuo del costo de rebelarse contra Dios.

Recuerde las palabras de A. W. Tozer: "Las influencias más mortíferas son las sutiles."

Las tentaciones sutiles del descreimiento

Mire de nuevo el versículo 6 de 1 Corintios 10. Pablo dice que "Mas estas cosas sucedieron como ejemplos para nosotros, para que no codiciemos cosas malas, como ellos codiciaron." El resbalón comienza con el anhelo codicioso de cosas malas. Simple y sencillamente la batalla comienza en la mente y el corazón. Las cosas del mundo se vuelven curiosamente excitantes. ¡Esos pensamientos secretos vergonzosos y esas tentaciones silenciosas! Llegan en los momentos más inapropiados. Si no se los contiene crecen y se vuelven más seductores hasta que a la larga nos poseen. Antes que nos demos cuenta, ya es demasiado tarde. Todo se ha terminado y quedamos descalificados.

Ocurre de la misma forma en que un esquimal caza y mata a un lobo. Si estas palabras no le hablan directamente, no sé qué podría logarlo. Lea cuidadosa y lentamente. ¡No son agradables! El relato es espeluznante, pero presenta una noción fresca de la naturaleza autodestructiva y consumidora del pecado.

Primero, el esquimal recubre la hoja de su cuchillo con sangre animal y deja que se congele. Luego añade otra capa de sangre, y otra, hasta que la hoja está completamente escondida bajo sangre congelada. Después, el cazador hunde el mango del cuchillo en la nieve, con la hoja hacia arriba. Cuando el lobo sigue a su sensible nariz hasta la fuente del olor y descubre la carnada, comienza a lamerla, saboreando la sangre fresca congelada. El lamido se acelera e intensifica, mientras que la lengua del lobo da cada vez más fuertemente contra la hoja, hasta que el filo queda al desnudo. Entonces, frenéticamente, y cada vez con más vigor, el lobo lame la hoja en la noche ártica. Tan intenso es su apetito por la sangre que no nota el escozor del corte de la afilada hoja en su propia lengua, ni tampoco reconoce el animal el instante en que su sed insaciable está siendo saciada por su propia sangre caliente. El apetito carnívoro del lobo salvaje simplemente quiere más, hasta que el amanecer lo encuentra muerto en la nieve ensangrentada.

La descalificación sigue el mismo patrón. Nos consumen nuestros propios deseos pecaminosos hasta que nos encontramos nosotros mismos fuera de control, adictos, atrapados por nuestro propio apetito que exige más. Comienza como un antojo secreto de cosas malas. Bien podría ser otra persona, podría ser la pornografía cibernética o una media docena de otros tipos de tentación, todos diseñados para descalificarlo a usted. Insto a todo el que secretamente está anhelando y cultivando el comienzo de una adicción que *la deje ahora mismo* antes que sea demasiado tarde. Busque ayuda de inmediato. Si se está volviendo adicto a medicinas recetadas, al licor, a la comida o cualquier otra cosa, confiésele su lucha a una persona de confianza. Haga lo que sea necesario para hacerle frente a su adicción, confesarla y resolverla.

Incontables individuos que marcharon triunfantes fuera de Egipto bajo la poderosa mano de Dios se alejaron demasiado de su devoción anterior. En última instancia sufrieron muertes desdichadas y horribles en el desierto. Pareciera como si Pablo estuviera escribiéndonos a usted y a mí cuando advierte: "Ni seáis idólatras, como algunos de ellos, según está escrito: Se sentó el pueblo a comer y a beber, y se levantó a jugar. Ni forniquemos, como algunos de ellos fornicaron, y cayeron en un día veintitrés mil" (1 Corintios 10:7-8).

En los términos más sencillos la idolatría ocurre cuando ponemos algo en lugar de Cristo. Esto puede ocurrir por el destronamiento silencioso, muchas veces secreto, de Cristo en nuestra vida. La idolatría sucede cuando habitualmente nos preocupamos por algo o alguien en lugar de Cristo. Como la erosión de la playa, no hace ruido ni llama la atención, pero acaba en una destrucción obvia. Si se le permite continuar, terminará arrasando todo. *Todo.*

De la idolatría pasamos al punto en donde mentalmente increpamos a Dios con los puños crispados. En palabras de Pablo "tentamos al Señor" (v. 9). Este es el pecado de la presunción, aprovechando voluntariamente la gracia de Dios, siendo presuntuosos respecto a su magnanimidad, mientras bailamos al borde del desastre.

Desde ahí todo se deteriora incluso más. De la idolatría a la presunción, y luego a *murmurar contra Dios* (v. 10). ¡Qué escena más lastimera debe haber sido! El pueblo de Dios, que había disfrutado de sus gloriosas provisiones, se queja y rezonga en el desierto.

Pablo no estaba hablando de almas réprobas y paganas que nunca conocieron a Dios o que nunca abrazaron sus mandamientos. Podríamos esperar algo así de parte de los no creyentes. No. Estaba entregando estas advertencias a creyentes que habían experimentado lo mejor de Dios; y en el invernadero de su mundo centrados en ellos mismos, todo se agrió.

Toda caída moral tiene su historial. No existe tal cosa como un "reventón espiritual" en la vida cristiana. Todo comienza con una serie de pequeños e imperceptibles fugas en el forro de nuestro carácter. Aunque el acto final y deliberado de la caída puede ser súbito y desastroso, tiene un pasado largo, persistente y seductor. Por la racionalización, la sal pierde su sabor y nuestra luz comienza a titilar. Rebajamos la verdad con nuestros acomodos. Esto puede sucederme a mí, y puede sucederle a usted, a su mejor amigo … a su cónyuge … a su propio hijo. Felizmente existe un camino que nos lleva de vuelta a las tiernas misericordias de Dios. Me alegra decirle que Dios espera con sus brazos abiertos por el regreso de todo pródigo.

Cómo responder de acuerdo a Dios a la derrota

Pablo se dio cuenta de que sus lectores responderían en una de dos formas. Algunos dirán: "Esto nunca me sucederá a mí." A ellos les advirtió: "Así que, el que piensa estar firme, mire que no caiga" (1 Corintios 10:12). En otras palabras, nadie es inmune, cualquiera puede caer. Por lo tanto necesitamos prestar atención a toda advertencia que provee la palabra de Dios. Repito, *todos* estamos en peligro de ser descalificados. No hay cosa tal como una promesa perpetua de pureza. Esperanza y perdón, sí … pureza y eficacia, no.

Luego otros dirán: "Estoy tan metido en esto que nunca podré salir. El enredo que he hecho de mi vida es demasiado grande para que alguna vez pueda tener esperanza de recuperarme. Es demasiado tarde para mí." Para esas personas Pablo escribió: "No os ha sobrevenido ninguna tentación que no sea humana; pero *fiel es Dios*, que no os dejará ser tentados más de lo que podéis resistir, sino que dará también juntamente con la tentación la salida, para que podáis soportar" (1 Corintios 10:13).

¿No son magnificas estas noticias? Dios no solamente conoce nuestro conflicto, sino que promete un escape, para superarlo. Él le ayudará a escapar de su condición de prisionero. ¡Qué Dios tan compasivo, lleno de gracia y misericordia!

CÓMO VOLVER A LA CARRERA

Este capítulo ha sido uno de los retos más grandes, porque ayudar a las personas en los tiempos difíciles de la descalificación es un proceso aleccionador y doloroso. No puedo recordar la cantidad de veces en que me ha tocado intervenir para restaurar a los que han caído. Estas son verdades extremadamente difíciles de presentar y aplicar, pero son esenciales si vamos a permanecer en la carrera ... y ganar el premio.

Por cierto, esto no es algo que solamente su vecino debe leer, ni solamente para su ministro o su esposo. Esto es para usted; sí, *usted* ... hombre o mujer, joven o viejo, en la iglesia o lejos de ella, casado, viudo o divorciado.

Tengo varias biblias. Una de ellas es especialmente significativa para mí. Es un ejemplar del Nuevo Testamento que recibí poco después de mi graduación del seminario. Está muy gastado, marcado y deshojándose. Todavía lo uso en ocasiones (¡aunque a veces se me caen dos o tres páginas y tengo que recogerlas!). Cuando lo recibí yo era muy joven en el ministerio, así que, para advertirme a mí mismo de los peligros que enfrentarían en los años por delante, pegué dentro de la cubierta las palabras de Charles Haddon Spurgeon, un pastor británico que Dios utilizó grandemente en el siglo diecinueve. La advertencia de Spurgeon, aunque vieja y en palabras pintorescas, es tan relevante como cualquier cosa escrita hoy. Hay ocasiones en que me detengo y vuelvo a leer estas palabras. Me hago acuerdo yo mismo que cualquiera puede caer ... incluso *yo*.

Lo primero que debemos considerar es *nuestro peligro*. Estamos en peligro de caer; no sólo algunos de nosotros, sino todos nosotros; no meramente los débiles, sino también los fuertes; no sólo los jóvenes, sino también los viejos y de mediana edad, todos estamos en peligro de caer en el pecado y traer así deshonra a nuestra profesión de fe, tristeza a nuestras propias almas y deshonor al nombre de Cristo, a quien profesamos amar y servir.

El que estamos en peligro debe ser muy claro para nosotros, porque hemos visto a otros caer en el pecado. Casi ni me atrevo a recordar todo lo que he visto en mis observaciones de la iglesia profesante de Cristo. Aunque pienso que he sido peculiarmente favorecido como pastor, hay llagas en mi alma, heridas sangrantes que nunca serán sanadas de este lado del cielo, que han sido causadas por el descarrío de hombres de quienes recibí dulce consejo, y en cuya compañía solía ir a la casa de Dios. He conocido a algunos que predicaron el evangelio, y lo predicaron con poder, pero vivieron para apartarse del mismo por completo. He conocido a otros que sirvieron la mesa del Señor, que desempeñaron los deberes del diaconado o ancianato con diligencia considerable, y que después cedieron a las pasiones perversas. He pensado que algunos de ellos estaban entre los más santos de los hombres, Mientras oraban yo me sentía levantado en devoción a las mismas puertas del cielo; y si alguien me hubiera dicho que algún día caerían en grotesco pecado, no lo hubiera creído. Hubiera creído más bien que eso sería posible en mí.

Los que parecían más fuerte que nosotros han caído, así que, ¿por qué tal vez no nosotros? No, ¿acaso no caeremos a menos que la gracia soberana evite esa espantosa calamidad? Los discípulos de nuestro Señor, que se sentaron a la mesa con Él, cuando les fue dicho que uno de ellos traicionaría al Maestro, cada uno preguntó: "Señor, ¿soy yo?" Esa era una pregunta muy apropiada. Nadie preguntó: "Señor, ¿será Judas?" Probablemente ninguno de ellos ni siquiera sospechó de él, y podría ser que el peor hipócrita en esta asamblea sea aquel sobre quien no cae la más mínima sombra de sospecha en este momento. Ha aprendido a desempeñar su papel tan bien que todavía no se ha descubierto su verdadero carácter.[4]

Muchos ganan; tristemente otros pierden. A la larga Sansón perdió y ultimadamente David ganó. Ambos dirigentes sufrieron sucesos descalificadores en su liderazgo; pero la diferencia estuvo en su respuesta.

Sansón sirvió como juez sobre Israel por veinte años. Sus dos puntos débiles, sin embargo, fueron el orgullo y el sexo. Aun cuando en un tiempo Dios lo usó poderosamente, Sansón cedió a su lujuria y caminos orgullosos, se enredó con una prostituta y después se enamoró de otra mujer llamada Dalila (Jueces 16). A la larga terminó literalmente amarrado en las rodillas de esa engañosa mujer en el valle de Sorec, en territorio filisteo, territorio enemigo. Sus hazañas sexuales nacidas del orgullo culminaron en un enredo humillante y manipulador que lo llevó no solamente a la pérdida de su cabello, símbolo de fuerza permanente, sino también el poder y favor de Dios. Quedó derrotado y sin fuerzas, acabado. *Descalificado.*

Sansón fue demasiado lejos. Acabó humillantemente derrotado, sin ojos, pues se los sacaron, y siendo objeto de la mofa de sus captores en un calabozo filisteo.

David también vivió una vida de pasión. Luchó contra la tentación implacable de vivir apoyándose en sus grandes talentos y capacidades.

Él también, en un momento de debilidad, bajó la guardia, cayó presa de sus deseos lujuriosos y tomó la esposa de otro hombre. Se llamaba Betsabé. Fue un amorío vergonzoso y homicida en el que David hizo arreglos para que Urías, el esposo de Betsabé, muriera en batalla.

Las consecuencias fueron inmensas. El hijo de David y Betsabé murió poco después de haber nacido. Además su familia se destrozó ... el famoso pastor-rey soportó años de dolor y vergüenza a manos de sus hijos rebeldes. Soportó tales consecuencias largas y agonizantes por una noche de necia pasión.

Pero David no murió en la cárcel. Más bien murió como un hombre de honor y dignidad ... el ungido rey de Israel ... "un hombre conforme al corazón de Dios." ¿En dónde estuvo la diferencia?

Arrepentimiento.

Quebrantado y en humildad David clamó al Señor pidiendo perdón y encontró misericordia y gracia para seguir adelante. Permítame hacerle una serie de preguntas.

- ¿Está usted danzando al borde del desastre hoy?
- ¿Está viviendo una vida secreta que sólo usted y Dios conocen?
- ¿Se ha permitido usted mismo convertirse en adicto a su pecado al punto que teme que ya no hay posibilidad de volver atrás?

Debe saber que nunca es demasiado tarde para comenzar a hacer lo debido. Usted no puede hundirse tanto en el pecado que Cristo no sea capaz de sacarlo de la desesperanza. El lugar para comenzar es el arrepentimiento. Eso significa que usted se aleja del pecado y reconoce ante Él su desobediencia y su incapacidad para cambiar por sus propios medios. Pida su fortaleza para vencer. Deje de racionalizar lo que está haciendo; sólo se engaña a sí mismo. Hasta ahora ha podido mantenerlo en secreto ... pero en última instancia se le descubrirá. No deje pasar ni un solo día más sin caer de rodillas ante Dios y orando como David:

Ten piedad de mí, oh Dios, conforme a tu misericordia;
Conforme a la multitud de tus piedades borra mis rebeliones.
Lávame más y más de mi maldad,
Y límpiame de mi pecado.
Porque yo reconozco mis rebeliones,
Y mi pecado está siempre delante de mí.
Contra ti, contra ti solo he pecado,
Y he hecho lo malo delante de tus ojos;
Para que seas reconocido justo en tu palabra,
Y tenido por puro en tu juicio ...

Crea en mí, oh Dios, un corazón limpio,
Y renueva un espíritu recto dentro de mí.
No me eches de delante de ti,
Y no quites de mí tu santo Espíritu.
Vuélveme el gozo de tu salvación,
Y espíritu noble me sustente (Salmo 51:1-4, 10-12).

¿Elevó usted esta oración ... *sincera* y *verdaderamente*? Ahora necesita volver a conectarse con otro creyente que pueda ayudarle a recuperarse por completo. Confiese su pecado, pida ayuda. Si fuere necesario, busque un asesor creyente calificado que pueda ayudarle hacia una completa recuperación.

¿Y entonces? Vuelva a la carrera ... ¡y corra como nunca antes lo había hecho!

Catorce

Cuando se atraviesa los tiempos difíciles
de la muerte

E L FINADO ESCRITOR Joseph Bayly sabía mucho sobre la muerte. Había sentido su aguijón muchas veces. Su hijo recién nacido murió después de una operación, su hijo de cinco años murió de leucemia, y su hijo de dieciocho años murió en un accidente en un trineo que se complicó por principios de hemofilia. Cada encuentro le enseñó una lección diferente sobre la dolorosa realidad de la muerte. Él escribe sincera y sobriamente sobre ese tema al comienzo de su libro *The Last Thing We Talk About* [De lo último que hablamos].

> La carroza comenzó su aflictivo recorrido hace muchos miles de años, como una camilla hecha de palos.
>
> Camilla, trineo, carreta, Cadillac; el vehículo ha cambiado, pero el cadáver que lleva es el mismo.

El nacimiento y la muerte encierran al hombre en una especie de paréntesis del presente, y los corchetes al comienzo y al final de la vida siguen siendo impenetrables.

Esto nos frustra, especialmente en tiempos de grandes irrupciones científicas y explosión de conocimiento, en que podamos escaparnos del ambiente del planeta y sin embargo nos detiene en seco el misterio inflexible de la muerte. Los electroencefalogramas pueden sustituir el espejo frente a la boca, las autopsias pueden llegar a ser más sofisticadas, el embalsamamiento cosmético puede ocupar el lugar de los centavos en los párpados y lienzos sepulcrales, pero la muerte continúa confrontándonos con su pared en blanco. Todo cambia; la muerte es inmutable ...

El hacendado lechero y el ejecutivo viven a la sombra de la muerte, junto al ganador del premio Nóbel y la prostituta, la madre, el nene, el adolescente y el viejo. La carroza espera por el cirujano que transplanta el corazón así como por el paciente que lo recibe esperanzado, por el director de la funeraria así como por el cadáver que él manipula.

La muerte no perdona a nadie.[1]

Qué poderosas y penetrantes palabras de alguien que está tan familiarizado con la muerte. Sin embargo, es esa intensidad de reflexión lo que todos debemos abrazar a fin de atravesar los tiempos difíciles de la muerte en nuestros días en la tierra. Exige esa clase de franqueza. Aun así, muy pocos están dispuestos a enfrentar voluntariamente su mortalidad, mucho menos a hablar abiertamente sobre ella. Vale la pena dedicar tiempo para considerar algunas de las formas más comunes en que la gente trata de la realidad de la muerte.

Reacciones familiares al tema de la muerte

Muchos escogen el humor. Un rótulo que vi hace años en un parachoques decía:

¡No tomes la vida tan en serio!
De cualquier forma no saldrás de ella vivo.

Quizás usted esté sonriendo ahora mismo, y a mí también me hacer reír. A menudo es así como muchos tratan de la muerte, manteniendo el tema a la ligera y con humor. De alguna manera una broma al respecto mantiene a la muerte a una distancia segura. Nunca tenemos que enfrentar su realidad.

Si usted se dedicara por un par de meses a anotar cada vez que oye un chiste sobre la muerte, se asombrará de la gran cantidad que anotaría. Los comediantes de televisión bromean sobre el tema y también los caricaturistas. En una ocasión Woody Allen bromeó: "No es que tenga miedo de morir. Yo sólo no quiero estar allí cuando suceda."

Oí hace poco de una pareja que había estado casada por más de cincuenta años, pero cuyo matrimonio había sido más bien tormentoso. A la larga el marido murió y le tocó a la esposa escoger la lápida. Ella llamó al lugar donde tallaban los epitafios para indicar la clase de piedra que había escogido, y le dijo por teléfono al empleado: "Mire, no quiero que sea lujosa, y por cierto tampoco quiero gastar mucho dinero, pero sí pienso que debe haber una lápida allí, marcando la tumba de mi esposo. Quiero algo breve y sencillo ¿Por qué no simplemente talla las palabras 'A mi marido' en un lugar apropiado?" El hombre contestó: "Está bien. Yo me encargo de eso."

El hombre terminó de pulir la lápida y cincelar las palabras antes de llamar a la mujer para que vaya a verla en el cementerio.

Ella llegó preparada para ver un lápida con las palabras "A mi marido" talladas en algún lugar apropiado. En lugar de eso, con horror lo que vio fue:

A mi marido ... en un lugar apropiado.

Para muchos un relato cómico ayuda a enmascarar el dolor y la confusión que rodea a la muerte. Así que, una reacción común ante la muerte es mantenerla cómica.

Otra reacción muy familiar es la negación. No hay que hablar de la muerte, simplemente hay que eliminarla de toda conversación y reflexión; pretender que no existe. Para muchos es más fácil no hablar de la realidad de la muerte que luchar con su significado.

Recuerdo una vez cuando niño yendo a casa en el auto de mis padres y vi un animal muerto a un lado orilla de la carretera. Detestaba ver esos cuadros sin vida en el pavimento, pues me hacían recordar a mis mascotas. Cuando yo me quejaba o lamentaba, mi madre decía simplemente: "Simplemente no los mires, cariño. Mira hacia otro lado." Desde temprana edad a usted y a mí se nos ha dicho que desviemos la mirada, que saquemos a la muerte de nuestras mentes. Por eso compramos seguros de vida en vez de seguros de muerte. Digamos las cosas como son ... ¿quién quiere comprar cobertura de muerte? ¡Es mucho más fácil vender la vida!

Otra vez escribe Joe Bayly:

Criticamos a los victorianos porque sentimentalizaban la muerte y la rodeaban de patetismo. Pero el hombre moderno la niega. En nuestra cultura el tipo de tabú que los victorianos ponían sobre el hablar en público del sexo ha sido transferido a la muerte ...

Esta conspiración de silencio ... ha producido una negación de la muerte sin precedentes en la civilización occidental.[2]

Otros escogen romantizar la muerte apoyándose en arreglos florales y hermosos himnos que recalcan la supuesta belleza de la muerte. Ciertamente no hay nada malo en hermosos tributos que honran nuestros seres queridos que han fallecido; sin embargo, todo eso está diseñado para darle un elemento más brillante y significativo a esas dolorosas despedidas finales.

Una vez más Bayly anota:

Un ataque coronario, un cáncer, una apoplejía, una infección. La muerte, incluso normalmente, viene en multitud de formas, a toda condición humana, a cualquier edad.

¿Deberíamos negar la muerte para hacerla parecer más bella?

Un cadáver nunca es hermoso, sea humano o animal ...

No podemos embellecer la muerte. Podremos vivir con ella y aceptarla, pero no podemos cambiar su naturaleza desagradable.[3]

Creo que Bayly tiene razón. A pesar de todos los esfuerzos humanos para velar el horror de la muerte, no podemos escapar de ella. La muerte es nuestro enemigo final y representa la puerta por la cual todos pasaremos de esta vida a la próxima.

La reacción final a la muerte es el temor. La gente le teme a la muerte como a muy pocas otras realidades.

Recuerdo que hace años hace años visité a una anciana en su casa. Lo que me dijo ella entre lágrimas todavía está fresco en mi mente: "Pastor Chuck, tengo mucho miedo de morir." Le dije que ese era el sentimiento más natural del mundo. El temor acompaña nuestros pensamientos sobre la muerte.

El temor y la muerte son compañeros constantes. Si piensa que la gente no tiene miedo de morir, observe cómo los demás pasajeros en el avión en que usted va reaccionan cuando la turbulencia causa caídas y sacudones durante el vuelo. He oído a jóvenes y viejos chillar y gritar. El temor a la muerte acosa al ser humano.

Desdichadamente tarde o temprano nos veremos obligados a enfrentaremos la muerte cara a cara. Cuando usted o un ser querido esté muriéndose, la muerte no será algo cómico, distante o hermosa ... y tampoco hay que temerla. Lo que sí será es que es muy real. Quizás dolorosamente *real*.

María y Marta, dos amigas de Jesús, entendían la realidad de la muerte. Se vieron atrapadas en su red inescapable y dolorosa cuando su hermano Lázaro cayó víctima de una enfermedad terminal. En este conmovedor relato registrado en el capítulo 11 de Juan, se nos muestra toda la variedad de la emoción humana. Lo mejor de todo es que descubrimos cómo Cristo nos ayuda en los tiempos difíciles de la muerte.

UNA HISTORIA CONMOVEDORA DE AFLICCIÓN Y MUERTE

No había risa en la antigua población de Betania. El temor, enojo y las dudas se habían robado cualquier semejanza de estabilidad y paz que una vez hubo allí. Con certeza tampoco se podía hallar allí ninguna belleza. Más bien, una ominosa nube de incertidumbre se cernía sobre la casa donde Lázaro estaba muriéndose. Juan escribe: "Estaba entonces enfermo uno llamado Lázaro, de Betania, la aldea de María y de Marta su hermana" (Juan 11:1). Lázaro era un amigo de confianza de Jesús, y hermano soltero de Marta y María. Inesperadamente Lázaro se había enfermado seriamente; y la fiebre subía puesto que la enfermedad se negaba a ceder. Tal vez los médicos llegaron y menearon sus cabezas desconcertados. Si hubo algún remedio, eso tampoco sirvió de nada. Los esfuerzos repetidos de curar la enfermedad fracasaron. Cuando la condición de Lázaro se puso más lóbrega, nos dice Juan: "Enviaron, pues, las hermanas para decir a Jesús: Señor, he aquí el que amas está enfermo" (v. 3).

Los amigos íntimos no necesitan invitación para venir junto a la cama de algún ser querido que se muere. María y Marta informaron de inmediato a Jesús en cuanto a la grave condición de su hermano, sabiendo que si alguien podría ayudarlo ése sería el Maestro. De seguro que Él dejaría cualquier cosa que estuviera haciendo para ir a Betania sin demora. La condición de Lázaro empeoró.

La enfermedad se torna muerte

Extraña, pero deliberadamente, Jesús decidió no ir de inmediato a Betania. Ni siquiera se fue al día siguiente … ni al siguiente. Se quedó donde estaba. Tal como las hermanas temían, Lázaro murió. Falleció. Allí estaba: sin pulso, sin ondas cerebrales, un cadáver sin vida. Repito, no era nada gracioso, irreal o hermoso. No sólo que era real; sino que era la peor pesadilla para Marta y María. Encima de la pérdida de su hermano surgieron los sentimientos de enojo de las hermanas contra Jesús por demorarse para venir. Su desilusión no conocía límites. Se habían desesperado, esperando que Jesús llegara a tiempo para sanar a su hermano de la enfermedad que finalmente surtió su efecto final, pero el Maestro nunca se asomó. Solo podemos imaginar la mezcla de dolor con hostilidad que sentían Maria y Marta hacia Jesús, y de hecho, hacia su Dios. La fe sufre la prueba máxima cuando la muerte destroza la esperanza de sanidad.

El juego de echar la culpa

Las noticias de la muerte de Lázaro finalmente llegaron hasta Jesús. En Betania amigos de toda la región fueron para expresar sus condolencias a Marta y María (Juan 11:17-19). Mientras tanto, Jesús decide finalmente ir a ver a sus amigos. A su llegada Marta sale a recibirlo en el camino y le dice: "Señor, si hubieses estado aquí, mi hermano no habría muerto" (v. 21). Su tono acusador es elocuente y poderoso. Ella se sentía traicionada, defraudada y grandemente desilusionada por el Único que podía salvar la vida de su hermano. ¿Dónde había estado Él?

Esta escena se repetiría siglos más tarde en el Gran Cañón, después de un trágico choque de dos aviones en el aire. Más de cien personas murieron. Tétricamente, la mayoría de pedazos de los cuerpos quedaron desparramados en una gran extensión del vasto cañón. Era una escena espeluznante. Los socorristas hicieron lo mejor que pudieron para recoger los restos de las víctimas. La tarea nada envidiable de presidir el servicio fúnebre recayó sobre un joven ministro local que no conocía a ninguna de las víctimas. Temblando e inseguro de sí mismo, habló de la fidelidad y bondad de Dios mientras exaltaba su presencia soberana sobre todas las cosas. Un hombre afligido se indignó por las palabras del joven pastor. Sin poder contenerse estalló y gritó a voz en cuello: "Si Dios es tan bueno, y si se preocupa tanto, entonces ¿dónde estaba cuando *esto* ocurrió?"

Miles hicieron y siguen haciendo esa misma penetrante pregunta después del 11 de septiembre del 2001; ese día horrible y surrealista en el que murieron más de tres mil personas inocentes en una serie de ataques terroristas contra nuestro país ¿Dónde *estaba* Dios el 11 de septiembre del 2001? No deberíamos tener ninguna dificultad para entender la lucha de Marta. Los tiempos difíciles de la muerte sacan a la superficie cualquier cantidad de emociones crudas y desprotegidas.

Marta simplemente estaba enojada. No podía creer que Jesús se hubiera tardado tanto, y cuestionaba su compasión, y dudaba de su bondad.

Tal vez usted esté cuestionando al Señor en estos días. Quizás se encuentre perdido en la niebla del temor y confusión mientras procesa lo que quiere decir vivir sus días solo, sin la compañía reconfortante de su cónyuge. Tal vez se pregunte por qué Dios permitió que su hijo adolescente se subiera en ese carro con un amigo borracho al volante. ¿Dónde estaba Dios cuando su hermosa y joven hija salió de su vivienda rumbo a su trabajo y desapareció en la noche? ¿Dónde estaba Dios cuando los que la buscaban tropezaron con su cuerpo destrozado pudriéndose en un campo? ¿Por qué Dios no sanó a su esposa *antes* de que el cáncer llegara a su cerebro? ¿Por qué Dios no impidió que el vehículo militar de su hijo cayera en la emboscada enemiga? ¿Por qué su hija nació con esa enfermedad inoperable que le quitó su vida tan pequeña, tan inocente? ¿Por qué, por qué, por qué, por qué?

¿Pudo Jesús haber impedido que Lázaro muriera? Ni dudarlo ¿Pudo haberlo evitado? Por supuesto. Asombrosamente, no lo hizo. Deliberadamente escogió esperar. La muerte de Lázaro era parte de su plan soberano más grande. Su plan contradice nuestras preferencias. Hay un misterio divino en todo esto. Sus caminos no son nuestros caminos.

Llegará el día cuando Dios deliberadamente permitirá que la muerte surta su efecto en su vida y la mía. Algún día usted y yo sucumbiremos al extraño apretón de la muerte. Nosotros también hemos de morir; y nuestros seres queridos a la larga morirán. Para algunos será antes de que se acabe este año. Para muchos será antes de que se acabe esta década. Para algunos parecerá terriblemente prematuro, y para unos cuantos será accidental, hasta trágico. Algunos tal vez mueran horriblemente, como víctimas de ataques terroristas. No sabemos ni el momento ni la forma en que daremos el último suspiro. Sin embargo, la muerte sigue siendo cierta para todos.

Algún día en el futuro, cuando menos lo esperemos, llamarán nuestro número. Cuando eso ocurra, es posible que nuestros seres queridos cuestionen a Dios. Se preguntarán por qué Dios escogió no intervenir. "¿Por qué no lo sanaste?" tal vez pregunten. Y como en esos días oscuros en Betania, el dolor se cernirá sobre sus seres queridos cuando se vean forzados a enfrentar exactamente lo que Marta y María soportaron … el repicar final de las campanas.

Pero, ¿es eso el final?

Una oración milagrosa

Mientras Jesús se dirigía al lugar donde Lázaro estaba enterrado, algunos de entre la multitud comenzaron a acusar a Jesús. Juan recuerda: "Y algunos de ellos dijeron: ¿No podía éste, que abrió los ojos al ciego, haber hecho también que Lázaro no muriera?" (v. 37). La duda se intensificaba en las mentes de los afligidos, especialmente entre aquellos cuya fe descansaba sobre bases endebles. Abrumado por su incredulidad y tristeza, Jesús simplemente dijo: "Quitad la piedra" (v. 39).

¿Quitar la piedra? Seguro que no lo dice en serio. Abrir una tumba cerrada era algo totalmente fuera de la ortodoxia y les parecía cruel a algunos ¿Qué quería decir con eso de *quitar la piedra*? ¡Qué audacia! Marta y los demás protestaron en voz alta. Su descreimiento se demuestra en sus palabras: "Marta, la hermana del que había muerto, le dijo: Señor, hiede ya, porque es de cuatro días" (v. 39). Lo que él había pedido no le parecía lógico a Marta.

Le parecía tanto falta de delicadeza como también desagradable.
La respuesta de Jesús es digna de notarse:

> ¿No te he dicho que si crees, verás la gloria de Dios? Entonces
> quitaron la piedra de donde había sido puesto el muerto. Y Jesús,
> alzando los ojos a lo alto, dijo: Padre, gracias te doy por haberme
> oído. Yo sabía que siempre me oyes; pero lo dije por causa de la
> multitud que está alrededor, para que crean que tú me has
> enviado. Y habiendo dicho esto, clamó a gran voz: ¡Lázaro, ven
> fuera! (Juan 10:40-43)

Hasta hoy hay tumbas talladas en las laderas de los montes de
Israel. A veces cortan la piedra caliza suave, y retiran los fragmentos y la tierra, y ponen un cadáver en la tumba que han abierto.
Entonces usan una piedra grande para cerrar la apertura de la
cueva que han abierto, a fin de proteger los restos mortales, y evitar
que entren animales o ladrones de tumbas. La parte final del
proceso de luto ocurre cuando hacen rodar una gran piedra circu-
lar hasta su lugar. Jesús ordenó que quitaran la piedra que cerraba
la tumba de Lázaro. Entonces dio otra orden: "Lázaro, ¡ven fuera!"
(v. 43).

Del temor a la fe

Un silencio inquietante envolvió a la multitud. Todos fruncieron el
ceño y se quedaron mirando en silencio ¿Qué pretendía hacer
Jesús, llamando a Lázaro para que saliera de la tumba? Por favor
entienda que si Lázaro hubiera *resucitado* no habría razón para
quitar la piedra. Un cuerpo resucitado hubiera tenido la capacidad
de salir *atravesando* la piedra. Lázaro hubiera tenido un cuerpo
glorificado, capaz de pasar de un lugar a otro, sin estorbos de la

materia y el espacio (20:19-20). Jesús hizo quitar la piedra para que Lázaro, una vez que fue *revivificado* de la muerte, pudiera salir vivo.

María y Marta se quedaron heladas sin poder creerlo. De repente vieron algo moverse dentro de la penumbra gris de la tumba. ¿Podría ser? ¿Sería verdad? Lázaro, ¿vivo? Sí, estaba vivo ... ¡milagrosamente traído de regreso después de haber muerto cuatro días antes!

Juan sencillamente escribe: "Y el que había muerto salió, atadas las manos y los pies con vendas, y el rostro envuelto en un sudario. Jesús les dijo: Desatadle, y dejadle ir" (11:44).

Jesús miraba el sepulcro como un lugar de donde podía brotar nueva vida. Primero, nueva vida surgiría del cuerpo inerte de Lázaro. Segundo, una nueva vida comenzaría en los que estaban espiritualmente muertos en sus pecados.

A mis años de ministerio he observado que la muerte hace que incluso las más despreocupadas de las almas se detengan lo suficiente como para considerar las cosas eternas. Ese es exactamente el caso en la muerte de Lázaro. Juan nos dice: "Entonces muchos de los judíos que habían venido para acompañar a María, y vieron lo que hizo Jesús, creyeron en él" (v. 45). Lo que presenciaron cambió sus corazones. Todavía ocurre. Cuando Jesús nos encuentra en los tiempos difíciles de la muerte, podemos ser revividos por el poder de su resurrección.

Por eso tenemos que inculcar en otros no sólo la realidad de la muerte, sino, incluso más importante, la esperanza de la vida eterna, la promesa de Jesús de la resurrección. Esta vida es sólo un preludio fugaz a la vida eterna venidera. Qué valioso es vivir nuestras vidas sabiendo que cada nuevo día es una dádiva, cada nuevo año un tesoro. Lo que Marta, María y aquella gente cuyos nombres no se dan que componían la sombría multitud presenciaron fue un milagro magnífico y que transforma la vida. Sin duda, de ese momento en adelante, cada uno vio la vida con un aprecio más agudo por su significado y valor.

Una pregunta viene a la mente aquí: ¿Cómo se hubiera sentido usted si le tocaba ser quien desató a Lázaro y lo dejó ir? Piense antes de contestar. Trate de imaginarse desenvolviendo con sus propias manos la mortaja que envolvía el cuerpo del que había muerto, y luego hacerse a un lado y ver que Lázaro, yerto como piedra apenas momento atrás, yéndose bajo la luz brillante del sol.

¿Y QUÉ DE USTED? ¿CREERÁ?

Antes de dejar esta impresionante narración, retrocedamos a un lugar que intencionalmente he esperado para observar. Jesús mencionó dos promesas que cumpliría debido a su espera para regresar a Betania. Él le da la primera promesa a Marta cuando ella fue a recibirlo, llorando. Él dijo: "Tu hermano resucitará" (Juan 11:23). Él le prometió a Marta que volvería a ver a su hermano vivo. Lázaro no se quedaría en la tumba fría y oscura. Él experimentaría el milagro de vida nueva.

La segunda promesa Jesús la dijo a todos los que podían oírla. De, hecho, Él *continúa* haciéndola a todos por todas partes.

¿Y cuál es esa segunda promesa? Permítame escribirla de manera que no la malentienda. Jesús dijo: "Yo soy la resurrección y la vida; el que cree en mí, aunque esté muerto, vivirá. Y todo aquel que vive y cree en mí, no morirá eternamente. ¿Crees esto?" (vv. 25-26). Esta es la pregunta fundamental de la vida: *¿Crees esto?* Esta es la pregunta que se debe hacer en medio de su aflicción. Cada uno de nosotros debe contestar esta penetrante pregunta de Cristo: "*¿Crees esto?*"

Resulta que la cómica etiqueta en el parachoques que mencioné anteriormente estaba totalmente equivocada: "No tomes la vida demasiado en serio ¡De todas maneras, no saldrás vivo de ella!" ¡Falso! Más bien lo opuesto es verdad: tome la vida y la muerte muy en serio. Usted *en efecto* saldrá de ella vivo. Usted va a vivir para siempre ... en algún lugar. Todos enfrentaremos una vida después de la muerte. La pregunta no es: "¿Viviré por siempre?," sino: "¿Dónde viviré por siempre?" Después de la muerte usted será resucitado (no revivificado). Lázaro volvió a la vida para volver a morir. Cuando usted vuelva, vivirá *para siempre*. La pregunta, repito, es *¿dónde?*

Sólo Jesús tiene el poder de resurrección. Nuestra seguridad de estar por siempre con Él depende de cómo respondamos a la pregunta que le hizo a la hermana de Lázaro: "¿Crees esto?"

Él que hizo ese milagro inolvidable en Lázaro, más tarde fue a la cruz, fue colgado allí, y murió, pagando toda la pena por su pecado y el mío. Los que lo amaban envolvieron su cuerpo en lienzos sepulcrales y lo colocaron en una tumba; luego la sellaron con una piedra. Tres días más tarde, ¡Él estaba vivo! ¡Salió de la tumba! Resucitado a la vida, para nunca más morir. Jesús conquistó la muerte y le quitó su aguijón para siempre.

¿Cree usted esto?

Algún tiempo después de que Jesús dejó la tierra, Saulo de Tarso también lo hizo. Después de convertirse en el apóstol Pablo, no sólo creyó en el poder de la resurrección, sino que se convenció tanto de ello que escribió que "ni la muerte, ni la vida, ni ángeles, ni principados, ni potestades, ni lo presente, ni lo por venir, ni lo alto, ni lo profundo, ni ninguna otra cosa creada nos podrá separar del amor de Dios, que es en Cristo Jesús Señor nuestro" (Romanos 8:38-39).

Por eso es que al final de su extraordinaria vida, Pablo pudo decir con toda confianza: "Porque para mí el vivir es Cristo, y el morir es ganancia" (Filipenses 1:21). Él enfrentaba su propia muerte sin temor debido a su relación personal con Cristo. ¡Y qué relación fue esa!

A la luz de esto, quiero concluir este capítulo con una porción extensa, casi poética de la espléndida obra de John Pollock *The Apostle: A Life of Paul* [El apóstol: La vida de Pablo]. Si usted se halla enfrentando los tiempos difíciles de la muerte, o si está andando por el sendero extremadamente solitario y doloroso de ver morir a un ser querido, permita que las conmovedoras palabras de este autor penetren en su alma. Encontrará consuelo en su descripción del gran apóstol, apoyándose fuertemente en las promesas de su Salvador, enfrentando triunfalmente la realidad de su muerte. Al leer esas palabras, imagínese que tiene la valentía de enfrentar su propia muerte valientemente. Esto es posible, cimentando su fe sólo en Cristo.

La antigua tradición del sitio de la ejecución de Pablo es casi auténtica con certeza pero no podemos fijar los detalles. En tanto que se puede seguir la Vía Dolorosa de Cristo paso a paso, la de Pablo sigue siendo muy vaga. Él lo hubiera querido así. Y debido a que Cristo había recorrido la primera, la de Pablo no fue una Vía Dolorosa, porque la estaban recorriendo juntos: "Mas a Dios gracias, el cual nos lleva siempre en triunfo en Cristo Jesús." "Porque para mí el vivir es Cristo, y el morir es ganancia."

Lo llevaron por los muros más allá de la pirámide de Cestio que todavía permanece en pie, por la vía Ostia hacia el mar. Las multitudes que viajaban desde y hacia Ostia reconocerían a un escuadrón de ejecución por los escuderos con sus emblemas de haz de barras y hachas, y el verdugo llevando la espada, que durante el reinado de Nerón había sustituido al hacha; por la escolta y por el criminal en grilletes, caminando a tropezones y con piernas arqueadas, mugriento y en harapos por la prisión, pero no avergonzado ni degradado. Iba a una fiesta, a un triunfo, al día de la coronación por el que había luchado. Aquel que había hablado a menudo de las promesas de Dios de vida eterna en Jesús no podía tener temor; creía lo que había hablado: "Todas las promesas de Dios encuentran su 'sí' en Él." Ningún verdugo le iba a hacer perder su consciencia de la presencia de Jesús; no estaba cambiando su compañía, sólo el lugar donde lo disfrutaría. Todavía mejor, vería a Jesús. Esos destellos: en el camino a Damasco, en Jerusalén, en Corinto, en el barco que naufragó; ahora lo iba a ver cara a cara, para conocerlo como él había sido conocido.

Llevaron a Pablo hasta el tercer marcador de la Vía Ostia, hasta un pinar pequeño en un claro, probablemente un cementerio conocido como Aquae Salviae o Aguas Sanadoras, y ahora como Tre Fontane donde una abadía se levanta en su honor. Se cree que se lo puso por una noche en una diminuta celda, porque este era un lugar común de ejecuciones. Si a Lucas se le hubiera permitido permanecer junto a su ventana, si Timoteo o Marcos hubieran llegado a Roma a tiempo, los sonidos de la vigilia nocturna no habrían sido de llanto sino de canto: "como entristecidos, mas siempre gozosos; como moribundos, mas he aquí vivimos."

A la primera luz los soldados llevaron a Pablo a la columna. El verdugo estaba listo, completamente desnudo. Los soldados desnudaron a Pablo hasta la cintura y lo amarraron, arrodillado y erguido, a la columna baja que dejaba su cuello libre. Algunos relatos dicen que los escuderos lo azotaron con barras; golpiza que generalmente era preludio del degollamiento, pero que en los años recientes no siempre se infligía. Si ellos debían administrar esta última dosis de dolor sin sentido a un cuerpo que estaba a punto de morir: "¿Quién nos separará del amor de Cristo? ¿Tribulación, ... o espada?"

"Pues tengo por cierto que las aflicciones del tiempo presente no son comparables con"—centelleo de la espada—"la gloria."[5]

Cristo en usted ... ¡la esperanza de gloria! *Gloria*. Eso es lo que le espera al alma que se ha apoyado en Jesús. Gloria para Dios. Gloria para usted. Gloria para mí.

Por favor permítame indagar profundamente en su alma. ¿Puedo preguntarle, directamente, qué le va a llevar más allá de la muerte y a su hogar eterno? La respuesta es Cristo, y sólo Cristo. Sólo Él tiene la promesa de la resurrección y la esperanza de vida eterna. Él conquistó la muerte por usted y por mí. A lo mejor usted está leyendo estas palabras de cierre luchando contra lágrimas de angustia y aflicción. Quizá acaba de perder a su cónyuge de muchos años, o un hijo en un accidente trágico, o algún amigo debido a alguna una enfermedad terrible. Cristo entiende su aflicción; como nadie Él siente su dolor; Él entiende su desesperanza. Él ha estado allí. Él ha sentido lo mismo, Él soportó la misma soledad.

O tal vez siente que la muerte está cerca. Si nunca antes ha confiado en el Señor Jesús, entonces debe resolver eso hoy mismo. No espere por un momento más conveniente para invocar su nombre. Crea en el Señor Jesucristo y será salvo; lo que quiere decir que cuando exhale su último suspiro, pasará de muerte a vida: vida eterna.

Si ya conoce a Cristo, no hay razón para temer lo que está más allá de la tumba. Cristo ya está ahí y ha preparado un lugar para usted. Está listo. Gozo indecible y gozo interminable serán suyos para siempre, gracias a Jesús.

Entonces usted puede exclamar con Pablo: "Sorbida es la muerte en victoria. ¿Dónde está, oh muerte, tu aguijón? ¿Dónde, oh sepulcro, tu victoria? ya que el aguijón de la muerte es el pecado, y el poder del pecado, la ley. Mas gracias sean dadas a Dios, que nos da la victoria por medio de nuestro Señor Jesucristo" (1 Corintios 15:54-57).

E inmediatamente después de la muerte: "¡la gloria!"

Conclusión

¡Si no es una cosa, es otra!

No IMPORTA CUÁNTOS AÑOS TIENE, dónde vive o lo que hace para ganarse la vida, si es casado o soltero, si no tiene hijos y si tiene su casa llena de chiquillos; si es dueño o alquila una vivienda … *¡si no es una cosa, es otra!* No le hace cuál pasatiempo disfruta, a quién conoce, cuánto dinero gana, si usted es adicto al trabajo o ya se ha jubilado por completo de su trabajo, si es una persona que tiene poca fe o no tiene ninguna, o si sigue a Jesús de todo corazón … *¡si no es una cosa, es otra!*

Los tiempos difíciles suceden en la vida y continuarán sucediéndole. A veces nos los acarreamos nosotros mismos. Más a menudo, sin embargo, no tenemos nada que ver con el por qué ocurren. Simplemente no hay escape de las pruebas y el conflicto relativo a vivir en este planeta. Un vistazo rápido a los pasados seis meses de su vida es todo lo que se necesita para convencerlo de que esto es cierto. ¿Quién hubiera imaginado hace un año que tendría todo esto por delante? Y su lucha, aunque tal vez difiera en los detalles, ha sido duplicada en la vida de cada individuo alrededor del globo.

Una de mis razones principales para escribir este libro fue simplemente atreverme y decir estas cosas. Ahora que llegamos al final me alegro de haberlo hecho. Deliberadamente escogí algunos de los aspectos más prominentes que nos producen aflicción. Hemos considerado la tentación, la incomprensión, la ansiedad y la vergüenza; tratamos los retos de la duda, el divorcio, segundas nupcias, la confrontación, el dolor y el prejuicio; y no pasamos por alto esos cuatro gigantes con los que todos luchamos: la hipocresía, la inhabilidad, la descalificación y la muerte. Hay varias docenas de otros temas que podría haber mencionado, pero por ahora estos son suficientes.

Mi esperanza, simple y sencilla, fue pasar al frente y decir que nadie es inmune a ninguna de estas cosas. Entonces quise darle algo de esperanza de que no sólo podemos hacerles frente y avenirnos a ellas, sino también avanzar más allá. Principalmente quería asegurarle de que no está solo en esa lucha. Aquel que lo hizo a usted, le entiende. Aunque tal vez Él le empuja a lo que parece ser su punto de rompimiento, Él nunca está lejos. Porque a Él le importa, Él permanece cerca, aunque usted no pueda verle; y, porque Él le ama, Él se asegura de que usted lo logre.

Hace poco tropecé con un relato que ilustra esto hermosamente. Lo dijo por un obispo episcopal de Colorado llamado William Frey y dice así:

Cuando estudiaba los primeros años en la universidad de Colorado en 1951, pasaba un par de horas a la semana leyéndole a un compañero de estudios. Se llamaba Juan y era ciego.

Un día le pregunté cómo había perdido la vista, Me contó de un accidente que sufrió cuando era adolescente y cómo en ese punto sencillamente decidió abandonar la vida. "Cuando ocurrió el accidente y supe que nunca volvería a ver, sentí que mi vida se había acabado, en lo que a mí concernía. Estaba amargado y furioso contra Dios por permitir que esto me pasara, y descargaba mi cólera contra todos los que me rodeaban. Sentía que puesto que tenía ningún futuro, no levantaría un dedo por mí mismo. Que otros me atiendan. Cerraba la puerta de mi dormitorio y rehusaba salir excepto para las comidas."

El hombre que yo conocía era ávido para aprender y estudiante entusiasta, así que tuve que preguntarle qué había cambiado su actitud. Así me contó lo siguiente: "Un día, exasperado, mi padre vino al dormitorio y empezó a echarme un sermoneo, Me dijo que estaba cansado de que yo me tuviera lástima de mí mismo. Me dijo que el invierno se acercaba y que era mi trabajo instalar las contraventanas. 'Instala esas contraventanas antes de la cena esta noche, ¡o sí no, ya verás!' me gritó, dando un portazo al salir."

"Pues bien," dijo Juan, "¡eso me enojó tanto que decidí hacerlo! Gruñendo y maldiciendo entre dientes, me fui a tientas hasta la cochera, encontré las contraventanas, una escalera de pie de gallo, todas las herramientas necesarias y me puse a trabajar. *Ya se lamentarán cuando me caiga de la escalera y me rompa el cuello,* pensaba, pero poco a poco, abriéndome paso a tientas alrededor de la casa, hice el trabajo."

Entonces se detuvo, y sus ojos sin vista se humedecieron por las lágrimas mientras me decía: "Más tarde descubrí que en ningún momento del día mi padre había estado a más de un metro de distancia de mí."

Lo primero que damos por sentado es que Dios está presente, nunca más allá del alcance de nuestro brazo, sea que nos percatemos de eso o no.[1]

Atravesar los tiempos difíciles no es ni rápido ni fácil. Es lo que hace que la vida parezca cruel e injusta, a veces hasta imposible. Pero sabiendo que tenemos cerca a nuestro Padre puede ser suficiente para mantenernos sobre nuestros pies y capaces para enfrentar cualquier cosa que el futuro pudiera incluir. Aunque *si no es una cosa, es otra* ... la buena noticia es que *Él siempre está ahí*.

Notas

CAPÍTULO 1 • *Cuando se atraviesa los tiempos difíciles de la tentación*
1. Robert Frost, "The Road Not Taken," en *The Poetry of Robert Frost*, ed. Edward Connery Lathem (Nueva York: Henry Holt and Company, 1969), p. 105. Usado con permiso.
2. William Barclay, *The Gospel of Matthew*, ed. rev., (Louisville, KY: Westminster John Knox Press, 1975), 1:66. Usado con permiso.
3. Ibid., p. 69. Usado con permiso.
4. Chuck Colson, comunicación personal con Charles R. Swindoll. Usado con permiso.
5. Martín Lutero, "Castillo fuerte es nuestro Dios." Fuente original de dominio público.

CAPÍTULO 2 • *Cuando se atraviesa los tiempos difíciles de la incomprensión*
1. Ralph Waldo Emerson (1803-1882), "Essay II Self-Reliance," en *Essays* (1841), corregido y vuelto a publicar como *Essays: First Series* (1847). Fuente original de dominio público.
2. Archibald Thomas Robertson, *Word Pictures in the New Testament: The Gospel According to Matthew, The Gospel According to Mark* (Nashville: Broadman Press, 1930) 1:283. Usado con permiso.

NOTAS

CAPÍTULO 3 • *Cuando se atraviesa los tiempos difíciles de la ansiedad*
1. "Top Ten Anxieties for the 1990s," publicado por National Anxiety Center en Maplewood, NJ. Usado con permiso de Alan Caruba, fundador.
2. John Trent y Gary Smalley, *The Two Sides of Love* (Wheaton, IL: Tyndale House Publishers, 1990), pp. 34-36. Usado con permiso. [*Las dos caras del amor* (Nashville: Grupo Nelson, 1992).]
3. Jeanne W. Hendricks, *A Woman for All Seasons* (Nashville: Thomas Nelson Publishers, 1977), pp. 155-56. Usado con permiso de Jeanne W. Hendricks.
4. Catherine Marshall, ed., *The Prayers of Peter Marshall* (Grand Rapids: Chosen Books, una división de Baker Publishing Group, 1954), p. 36. Usado con permiso.

CAPÍTULO 4 • *Cuando se atraviesa los tiempos difíciles de la vergüenza*
1. William Riley Wilson, *The Execution of Jesus: A Judicial, Literary and Historical Investigation* (Nueva York: Simon & Schuster, 1970), p. 152.
2. Bernardo de Claraval, "O Sacred Head, Now Wounded" (Nashville: Word Music/Integrity Music, 1997), 316. Fuente original de dominio público.
3. William Barclay, *The Gospel of John*, ed. rev. (Louisville, KY: Westminster John Knox Press, 1975), 2:1–2. Usado con permiso.
4. Catherine Marshall, *A Man Called Peter: The Story of Peter Marshall* (Grand Rapids: Chosen Books, una división de Baker Publishing Group, 1949), p. 314. Usado con permiso.
5. John Bunyan, *Pilgrim's Progress* (Uhrichsville, OH: Barbour Books, un sello de Barbour Publishing), p. 36. Usado con permiso. [*El progreso del peregrino* (Madrid: Catedra, 2004).]

CAPÍTULO 5 • *Cuando se atraviesa los tiempos difíciles de la duda*
1. Edward M. Plass, comp., *What Luther Says: An Anthology* (St. Louis: Concordia Publishing House, 1972), p. 426. Fuente original de dominio público.
2. Alfred Tennyson, "In Memoriam," *Baker's Pocket Treasury of Religious Verse*, Donald T. Kauffman, comp. (Grand Rapids: Baker Book House, 1962), p. 174. Usado con permiso.
3. Daniel Taylor, *The Myth of Certainty* (Downers Grove, IL: InterVarsity Press, derechos subsidiarios propiedad de Daniel Taylor, 1986), pp. 14-15. Usado con permiso.
4. Ibid., p. 16. Usado con permiso.

NOTAS

5. Merrill C. Tenney, *John: The Gospel of Belief, An Analytic Study of the Text* (Grand Rapids: Wm. B. Eerdmans, 1948), p. 173. Usado con permiso. Reservados todos los derechos.

CAPÍTULO 6 • *Cuando se atraviesa los tiempos difíciles del divorcio*
1. Charles Haddon Spurgeon, *Lectures to My Students* (Grand Rapids: Zondervan, 1970), p. 70. Usado con permiso de Zondervan Corporation. [*Discursos a mis estudiantes* (El Paso: Casa Bautista, 2003).]
2. John Powell, *Happiness is an Inside Job* (Allen, TX: RCL Enterprises Inc., 1989), pp. 2-3. Usado con permiso.
3. John R. W. Stott, *The Message of the Sermon on the Mount (Matthew 5-7): Christian Counter-Culture* (Downers Grove, IL: InterVarsity Press, 1978), p. 95. Usado con permiso.
4. D. A. Carson, "Matthew" en *The Expositor's Bible Commentary* (Grand Rapids, MI: Regency Reference Library, Zondervan, 1984), 8:411. Usado con permiso de Zondervan Corporation.

CAPÍTULO 7 • *Cuando se atraviesa los tiempos difíciles del nuevo matrimonio*
1. Mike Mason, *The Mystery of Marriage: As Iron Sharpens Iron* (Portland, OR: Multnomah, 1985), p. 74. Usado con permiso. [*El misterio del matrimonio* (Grand Rapids: Vida, 2006).]
2. R. C. H. Lenski, *The Interpretation of St. Paul's First and Second Epistles to the Corinthians* (Peabody, MA: Hendrickson Publishers, 1937), p. 295. De dominio público.

CAPÍTULO 8 • *Cuando se atraviesa los tiempos difíciles de la confrontación*
1. Gregory Titelman, *Random House Dictionary of America's Popular Proverbs and Sayings*, 2ª ed. (Nueva York: Random House Reference, Random House, 2000), p. 89. Usado con permiso.
2. Basado en los bosquejos y transcripciones de los sermones de Charles R. Swindoll y coautoría de Lee Hough, *Christ at the Crossroads Bible Study Guide* (Plano, TX: Insight for Living, 1998), p. 91. Usado con permiso.
3. William Barclay, *The Gospel of Matthew* (Louisville, KY: Westminster John Knox Press, 1957), 2:163. Usado con permiso.
4. David Augsberger, *Caring Enough to Confront* (Ventura, CA: Gospel Light/Regal Books, 1973), p. 13. Usado con permiso.

CAPÍTULO 9 • *Cuando se atraviesa los tiempos difíciles del dolor*
1. *Webster's New Collegiate Dictionary*, s.v. "pain" ["dolor"].
2. Philip Yancey, *Where Is God When It Hurts?* (Grand Rapids: Zondervan, 1977, 1990), pp. 22-23. Usado con permiso de la Zondervan Corporation. [*¿Dónde está Dios cuando se sufre?* (España: CLIE).]
3. C. S. Lewis, *The Problem of Pain* (Nueva York: Collier Books, Macmillan Publishing Company, 1962), p. 156. Propietario de los derechos: C. S. Lewis Pte. Ltd. 1940. Extracto reimpreso con permiso. [*El problema del dolor* (Madrid: Rialp, 2004).]
4. Philip P. Bliss, "El varón de gran dolor," traducción de H. C. Ball, *Celebremos su Gloria*, (Dallas: Libros Alianza, 1992), Nº 196.

CAPÍTULO 10 • *Cuando se atraviesa los tiempos difíciles del prejuicio*
1. Extractos de John Howard Griffin, *Black Like Me*, 2ª ed. Copyright © 1960, 1961, 1977 por John Howard Griffin. Reimpreso con el permiso de Houghton Mifflin Company. Reservados todos los derechos.
2. Ibid., prefacio. Reimpreso con el permiso de Houghton Mifflin Company. Reservados todos los derechos.
3. William James, citado en *Bartlett's Familiar Quotations*, 16ª ed. (Boston: Little, Brown and Co., 1991), p. 546. Fuente original de dominio público.

CAPÍTULO 11 • *Cuando se atraviesa los tiempos difíciles de la hipocresía*
1. Thomas R. Ybarra, citado en Laurence J. Peter, *Peter's Quotation Ideas for Our Time* (Nueva York: Harper Collins/William Morrow and Company, 1977), p. 84. Fuente original, "The Christian" (1909) de dominio público.
2. William Barclay, *The Gospel of Matthew*, ed. rev. (Louisville, KY: Westminster John Knox Press, 1975), 1:197. Usado con permiso.
3. Ibid., p. 237. Usado con permiso.
4. Alfred Edersheim, *The Life and Times of Jesus the Messiah*, citado en Barclay, *Gospel of Matthew*, ed. rev., 2:114. Usado con permiso. [*La vida y los tiempos de Jesús el Mesías*, 2 vols. (España: CLIE).]

CAPÍTULO 12 • *Cuando se atraviesa los tiempos difíciles de la inhabilidad*
1. A. B. Bruce, *The Training of the Twelve* (Grand Rapids: Kregel Publications, 1971), pp. 536-37. De dominio público.

CAPÍTULO 13 • *Cuando se atraviesa los tiempos difíciles de la descalificación*
1. A. W. Tozer, *God Tells the Man Who Cares* (Harrisburg, PA: Christian Publications, 1970), p. 76. Usado con permiso.
2. William Barclay, *The Letters to the Corinthians* (Louisville, KY: Westminster John Knox Press, 1975), p. 85. Usado con permiso.
3. Henry Alford, *The Greek Testament: The Acts of the Apostle, The Epistles to the Romans and Corinthians*, 6ª ed. (Boston: Lee, Shepard, and Dillingham, 1873), 2:551. De dominio público.
4. Charles Haddon Spurgeon, *The Metropolitan Tabernacle Pulpit, Sermons Preached by C. H. Spurgeon,* revisado y publicado 1908 (Pasadena, TX: Pilgrim Publications, 1978), 54:14–15. De dominio público.

CAPÍTULO 14 • *Cuando se atraviesa los tiempos difíciles de la muerte*
1. Joseph Bayly, *The Last Thing We Talk About* (Elgin, IL: David C. Cook, una división de Cook Communications, 1982), pp. 11-12. El Dr. Swindoll agradece a Mary Lou Bayly por permitirle usar los extractos del libro de su difunto esposo Joe Bayly *The Last Thing We Talk About*, recientemente publicado por Victor Books bajo el título *A Voice in the Wilderness: The Best of Joe Bayly.*
2. Woody Allen, citado en www.memorablequotations.com/woody.htm
3. Joseph Bayly, *The Last Thing We Talk About*, p. 18.
4. Ibid., p. 15.
5. John Pollock, *The Man Who Shook the World* (Colorado Springs: Cook Communications, 1972, 1974. En colaboración con Doubleday & Company, Garden City, NY, que publicó la edición en percalina bajo el título *The Apostle: A Life of Paul*), pp. 237–38.

CONCLUSIÓN • *¡Si no es una cosa, es otra!*
1. William Frey, *The Dance of Hope* (Colorado Springs: WaterBrook Press, 2003), p. 174. Usado con permiso de WaterBrook Press. Reservados todos los derechos.

CUANDO SE ATRAVIESA

TIEMPOS
DIFÍCILES

disponible en inglés

CHARLES R.
SWINDOLL

GETTING THROUGH
THE TOUGH STUFF

IT'S ALWAYS SOMETHING!

ISBN: 0-84991-320-9 • ISBN-13:978-084991-320-4

THOMAS NELSON PUBLISHERS
Since 1798

confio en ti
confio en tus promesas
confio en tu palabra
cuando me dices que me
amas.

no encuentro otra razon
estoy a tus pies señor porque
solo ayi puedo descansar
y sentir tu mirada me
asen brincar de Alegria y espera

El tiempo junto a ti señor
alivia mi angustia y lloro por que se
que en ti encuentro mi fe.

Aliviasmi